〝ひとりの時間〟が心を強くする

植西 聰

青春新書
PLAYBOOKS

はじめに

人は、一般的に「孤独」というものにとてもネガティブなイメージを持っているようです。

「孤独はつらい」
「ひとりでいるのはミジメだ」
「孤独になるのが怖い」
「ひとりでいるのは情けない」

といったようにです。

しかし、人として生きている限り、孤独から逃れられないのも事実ではないかと思うのです。

たとえ、周りには大勢の人たちがいたとしても、意見の違いから孤立してしまうこともあります。

また、周りの人たちに誤解されて、寂しい思いをする時もあるでしょう。

恋人や連れ添いがいたとしても、ケンカをして、何日も口をきかない状態が続いている、という時もあります。

パートナーがいたり、あるいは友人が多くいたとしても、会社の経営者や管理職、サークルなどでのリーダーなどは、どうしても孤独になってしまいます。

そうなれば、やはり、孤独の寂しさを味わうことになります。

また、偉大な思想家たちの中には、「人間は、そもそも孤独な存在だ」と主張する人も多くいます。

もしそうならば、孤独を嫌って避けていこうとするよりも、その孤独を受け入れて、その孤独の中で「どうやって、自分の人生を作り上げていくか」を考えるほうが賢明だと思います。

実際に、孤独には、ポジティブな意味もたくさんあるのです。

というのも、人は孤独を経験することを通して、「本当の意味で、自分らしい人生とはどういうものか」ということを理解できることがあります。

また、孤独の中で、深く自分自身と向き合うことで、「私にとって、真の幸福とはどういうものか」ということについて理解できるようになります。

また、孤独を経験することで人間的に強くなり、また、人間的に成長することも可能です。

また、孤独というものは、その人にとって、大きな心の癒しにもなるのです。

そういう意味で言えば、孤独を嫌うのではなく、むしろ、日常生活の中に自分から進んで、積極的に「孤独な時間」「ひとりでいる時間」を取り入れていくほうがいいと思います。

そのほうが生産的で、前向きな人生を実現できるのです。

現に、「孤独は嫌い」と言う人の中にも、ふと、「ひとりになりたい」と感じる時があるのではないでしょうか。

それは、無意識のうちに自分が、「自分らしい時間を取り戻したい」と願っている証なのです。

そして、「成長」と「癒し」を求めている証なのです。

もくじ

1章 孤独が心を強くする

2章 〝ひとりの時間〟にこそ、自分らしい人生を発見できる

3章 一日の中にあえて〝ひとりの時間〟をつくる

4章
“ひとりの時間”こそ、ありのままの自分と向き合える

5章

〝ひとりの時間〟がある方が、感情コントロールがうまくなる

6章

〝ひとりの時間〟がある方が、人間関係はうまくいく

7章 〝ひとりの時間〟を有効に生かすコツ

8章 〝ひとりの時間〟が、最高の癒しになる

9章 人の中にいても、孤独を感じる時がある

1章

孤独が心を強くする

1 肯定的にとらえ直してみる

「孤独」ということに対して、「寂しい」「悲しい」「辛い」といった否定的な考えを持つ人もいると思います。

しかし、孤独というものを、そのように否定的にとらえる必要は必ずしもないと思います。

というのも、人は、「孤独の中で、人間的に成長する」ということも実際には多いからです。

孤独を経験することによって、心が強くなります。

また、孤独を経験することによって、物事を深く考えるようになり、様々な知恵を身につけることができます。

そして、孤独を経験することによって、「本当に自分らしい生き方とは、どのようなものか」ということを考えます。

そして、それが個性的な生き方につながっていくきっかけにもなります。

ですから、孤独というものを決して否定的に考えることはないのです。

むしろ、孤独を経験することは、その人に多くの良い影響をもたらします。

実際に、成功者と呼ばれる人や、願望を実現して幸せに暮らしている人には、孤独を通して心を強くし、人間的に成長し、また、自分の本当の個性に気づいた人が多いのです。

また、孤独の中で深く物事を考え、「これは絶対にうまくいくに違いない」という発見をした人もいます。

そういう意味では、孤独になることに対して否定的な感情を抱く必要はまったくないのです。

むしろ、生活の中に、意識的に、孤独になる時間を取り入れていくようにするほうが良いと思います。

孤独になる時間の中で、自分が強くなり、成長できるからです。

2 人は孤独を経験して強くなる

「こういうことをしてみたい」という志を抱き、その実現のために努力していく人も多いでしょう。

しかし、周りの人たちから理解を得られないこともあります。

「あなたのために協力したい」という人が、まったく現れないこともあります。

それどころか、周りの人たちに誤解されて、「あの人は、自分のことしか考えていないわがままな人だ」「自分の利益のために、他人を利用しようとしているだけだ」といった批判をされてしまうこともあるかもしれません。

そうなると、やがて、孤立してしまいます。

その孤独感に耐えられなくなって、自分の願望を実現させることを諦めてしまう人もいるでしょう。

しかし、それが成功と失敗の分かれ目になってしまうのです。

失敗する人は、孤独感に耐えきれなくなって終わってしまいます。

一方で、成功者は、孤独を経験することで、一層自分の信念を強くしていきます。

そして、人間的により強くなっていきます。

ノルウェーの劇作家で、詩人でもあったヘンリック・イプセンは、「我々はみな闘っている。だから孤独だ。寂しい。しかし、だから強くなれる（意訳）」と述べました。

この言葉にある「我々はみな闘っている」とは、言い換えれば、「自分の志のために闘っている」ということだと思います。

そのように志のために闘っている人は、孤立して「孤独」を感じることもあります。「寂しさ」を感じることもあります。

しかし、イプセンは、それによって「強くなれる」と言っているのです。

孤独を経験することを通して「強くなれる人」が、結局は、志を実現することができる、ということです。

3 「一人旅」をすることで、逞《たくま》しくなる

「一人旅をしたことがある」という人もいると思います。

特に海外での一人旅は心細いものです。

旅先で何かトラブルがあった時は、自分一人でそれを解決しなければなりません。

頼りにできるような人や、自分を助けてくれる人は、身近なところにはいないのです。

従って、自分一人で「どうしたらいいか」を考え、様々な知恵を絞り、そしてトラブルを解決していかなければならないのです。

しかし、そんな一人旅から帰ってきた時、その人は「以前よりも、私は強くなったような気がする。一人旅をする前よりも賢くなったように思う」と実感する人が多いのではないでしょうか。

確かに「一人で何かをする」ということは、時に、不安で、寂しく、辛いものなのです。

しかし、その中で自分一人で考え、一生懸命に努力することで、その人は強く、また様々な知恵を身につけていくものなのです。

これは、「一人旅」に限ったことではありません。

たとえば、仕事です。

仕事は、一般的に、同僚や上司など複数の人たちと一緒に進めていくものです。

しかし、時に、自分一人しかいない地方の営業所で仕事をしなければならない時もあります。

特に今は中小企業の海外進出が盛んですが、そのようなケースでは、自分一人だけで海外に行って仕事を開拓していく、というケースもあるようです。

もちろん、そういう状況で孤独感や寂しさを感じる人も多いと思います。

しかし、そのような経験は、決して無駄にはならないのです。

むしろ、その人を一層強く、逞《たくま》しくするでしょう。

4 人生について深く考えてみる

明治から大正時代にかけて活躍した文豪、夏目漱石（19〜20世紀）は、少年期から青年期にかけて非常に孤独な生活を送りました。

漱石は東京の豊かな名主の家に生まれましたが、両親に望まれて生まれた子供ではなかったようです。

そのために、生まれてすぐに里子《さとご》に出されてしまいました。

里子とは、他人の家に預けられて、育ててもらうことを意味します。

その後、実家に戻されますが、またすぐに別の家に養子に出されます。

そして、九歳の時に再び実家に戻されましたが、父親との関係はその後もずっとうまくいきませんでした。

生みの親から離れて育ち、家に戻ってからも父親との関係がうまくいかないという家庭環境の中で、漱石は孤独感を募《つの》らせていったのです。

二十代後半でイギリスへの留学を経験しますが、イギリス留学中も友人などはできず、とても孤独な生活を送っていたと言われています。

もちろん漱石自身、そのような孤独な経験は、辛く、苦しく、そして悲しいものだったと思います。

しかし、そのような孤独の中で、漱石は、人の人生というものについて深く考えたようです。

また、自分の生き方ということについて、思いをめぐらせたのです。

そして、それは後に、「小説」という形で開花したのではないでしょうか。

言い換えれば、子供から青年期にかけて孤独な経験をしたからこそ、漱石は、国民的作家と呼ばれる立派な小説家になれたと思うのです。

偉人や成功者と呼ばれる人には、漱石のように、子供から青年期にかけて「孤独な経験」をした人物が少なくありません。

孤独は、偉人や成功者を生み出す源であるとも言えるのです。

5 孤独な環境でがんばった経験が、人間を強くする

アメリカの発明王にトーマス・エジソン（19〜20世紀）がいます。

蓄音機、映写機、白熱電球などを発明し、音楽や映画など、現代の娯楽産業の基礎を作った人物として有名です。

このエジソンは、子供の頃、とても孤独な生活を送りました。

エジソンは、とても好奇心旺盛な子供でした。

入学した小学校で、先生の授業を聞きながら、「それは、どうしてですか。どうして、そうなるのですか」と盛んに質問しました。

しかし、そのために小学校の先生から、「こんなうるさい子供はいない」と嫌われてしまったのです。

また、子供の頃のエジソンは、盛んに質問する一方で、ぼんやりと物思いにふけってい

ることもありました。

そのために、小学校の先生は、エジソンの親に、「この子は、少し、知能が劣っているのではないか」と指摘しました。

その言葉にエジソンの母親が「私の子供は、知能は劣ってなどいない」と怒って、小学校を辞めさせてしまったのです。

その後、エジソンは、自宅や図書館で一人で勉強したと言います。

途中で小学校を辞めることになり、また友だちもおらず、エジソンは孤独でした。

もちろんエジソン自身、その孤独を辛く、悲しく感じることもあったでしょう。

しかし、ある意味、孤独だったからこそ一生懸命、集中して勉強に打ち込むことができたのです。

そして、一人で勉強して得た様々な知識は、後の数多くの発明にとても役立ったのです。

また、子供の頃の、孤独に負けずにがんばって勉強したという経験が、失敗を重ねることがあっても、成功するまで粘り強く続けるという根気強さをエジソンにもたらしたのです。

6 自己実現への強い願望が生まれる

パソコンやスマートフォンなどのメーカーである現在のアップル社の創業者の一人に、スティーブ・ジョブズ（20〜21世紀）がいます。

彼は、とても孤独な青年期を送りました。

ジョブズは、シリアからの男子留学生と、アメリカの女子大学院生との間に生まれた子供でした。

しかし、その男子留学生がイスラム教徒であったために、女子大学院生の両親が二人の結婚を認めなかったのです。

結局、結婚できず、自分たちで子供を育てることは無理だと考えた二人は、生まれたばかりのジョブズを養子に出したのです。

ジョブズという名前は、養子先の夫婦の名前でした。

その後、青年期になるとジョブズは、自分は養子であることを知りました。そして、生みの親にも再会しました。

自分が養子であることを知った時、ジョブズは強い孤独感を感じたと思います。

もちろん、それはショックな出来事であり、動揺もしたでしょう。

しかし、その孤独感をバネにして、彼は、「独創的なものを発明して、事業化として成功する」という強い願望を持ったと思います。

そして、実際に、個人でも使えるコンピューター（いわゆるパソコン）を開発し、大成功をおさめることになるのです。

このように、孤独というものが、「自分ならではの独創的なことをしたい」という願望を生み出す原動力にもなります。

孤独を感じるからこそ、その人の中で、自己実現の願望がより強くなっていくのです。

そういう意味では、孤独を否定的にとらえるのではなく、孤独を原動力にして力強く生きていくこともできるのです。

7
「孤独を楽しむ」という意識を持って生きる

哲学者の田中美知太郎（20世紀）は、「天才はつねに孤独であり、孤独を楽しむ徳を持つ者でなければならない（意訳）」と述べました。

「天才は孤独だ」ということはよく言われることです。

飛び抜けた能力や才能を持つ人は、そのために周りの人たちから、いわば「浮いた存在」として孤立してしまうことがあります。

そのために孤独を感じることにもなるのです。

しかし、この田中美知太郎の言葉のポイントは、「孤独を楽しむ」という点にあると思います。

その孤独を悲しんだり、辛いと思ってばかりいるのではなく、「楽しむ」という意識を持つことが大切です。

言い換えれば、いくら生まれながらに特別な能力や才能を持っている人であっても、「孤独を楽しむ」という意識がなければ、その辛さや苦しみに耐えられなくなって、きっとみずからダメになっていくと思います。

「孤独を楽しむ」という意識があってこそ、生まれながらに特別な能力を存分に生かして大きなことを成し遂げることもできるのです。

では、どうすれば孤独を楽しめるようになるのかと言えば、それは開き直って、「他人を気にせず、自分がやりたいことを徹底的にやる」ということではないかと思います。

「こんなことをすれば、周りの人からどう思われるだろう。悪い噂を立てられることになるのではないか」といったことなど気にせずに、自分がやりたいことをやっていくのです。

そのようにして自己実現をはかっていくことで、孤独を楽しめるようになっていくと思います。

そして、孤独を楽しみながら成し遂げたこととは、結果的に、多くの人たちにも喜びをもたらすことになるのです。

8 怖れていては、人と違ったことはできない

他人と同じことをしているだけでは、成功は望めません。

「後追い」「二番煎《せん》じ」で終わってしまうからです。

成功するためには、人と違ったことをする必要があります。

今まで誰もしていなかったような、画期的で、ユニークなことをしてこそ、世間の注目を浴び、そして成功のチャンスをつかめるのです。

しかし、一方で、「人と違ったことをする」ということには危険もあるのです。

それは、「孤独になる」ということです。

人と違ったことをしてしまったばかりに、周りの人たちから誤解され、また非難されたりします。

周りの人たちから相手にされなくなってしまうこともあるでしょう。

しかし、それを怖れていたら、成功することはできません。

孤独になってしまうことを怖れ、人と同じようなことばかりしていたら、成功することは望めなくなってしまうからです。

本気で成功したいと思うのであれば、やはり、孤独になることを怖れてはいけないのです。

しかし、孤独になることを、それほど怖れることはないと思います。

孤独になった時、最初は、辛いと思うかもしれません。苦しいと感じるかもしれません。

しかし、孤独を経験することで、自分が強くなっていきます。

そして、しだいに孤独になるということについて、それほど気にならなくなります。

そうなれば本物です。

積極的に、今までなかったような、画期的で、ユニークな提案をしていくことができるようになります。

さらに、人とは違ったことを情熱的にできるようになります。

9 トップ・リーダーは、孤独によって強くなっていく

イギリスの政治家だったウィンストン・チャーチル（19～20世紀）は、「孤独な木は、丈夫に育つ（意訳）」と述べました。

この言葉にある「木」とは、「人間」を意味しています。

つまり、チャーチルは、「孤独を知っている人間は、丈夫に育つ」と言っているのです。

また、「丈夫に育つ」とは、「人間的に強くなる」ということです。

チャーチルは、イギリスの首相だった人物です。

よく、「トップ・リーダーは孤独だ」と言われます。

重要なことは、もちろん色々な人と話し合いながら進めていきますが、その最終的な判断はリーダーが下さなければなりません。

しかし、うまくいかなかった時の責任は、そのリーダーが一人で背負わなければならな

いのです。

そういう意味で、政治のリーダーも、あるいは企業などのリーダーも、とても孤独なのです。

しかも、チャーチルは、第二次世界大戦中のイギリスの首相でした。

厳しい時代の中で、難しい判断を迫られる状況にあったのです。

その中で、チャーチルは、一層強く孤独を感じていたと思います。

しかし、そんなことを経験することで、「丈夫に育つ」、つまり人間的に強くなることができるのです。

人間的に強くなることで、さらに一層強いリーダーシップを発揮できる、ということなのでしょう。

企業の経営者なども、日々、孤独を感じながら仕事をしている人も多いと思います。しかし、その孤独を辛いと思うのではなく、「孤独によって、自分が強くなる」という肯定的な意識を持つことが大切です。

10 孤独に強いリーダーに、部下はついていく

会社経営者など、トップ・リーダーに必要になる要件の一つに、「孤独に強い」ということが挙げられると思います。

日頃は多くの部下たちに支えられているとしても、重要な経営判断は一人で行わなければなりません。

また、その責任も自分一人で負わなければなりません。

もし窮地に陥《おちい》った時には、自分を助けてくれる人はいません。

会社がうまくいくか、うまくいかないかの最終責任は、すべて経営者一人にかかっているのです。

そのような孤独感から、トップ・リーダーは逃げるわけにはいかないのです。

言い換えれば、そのような孤独から逃げてしまうようなリーダーは、部下たちからの信

頼を得られないと思います。

孤独に耐えていくことができる強いリーダーだからこそ、部下たちは安心してそのリーダーについていけるのです。

また、そのリーダーの下で、会社のために一生懸命に働くことができるのです。リーダーにとって、まず大切なことは、その孤独から顔を背《そむ》けるのではなく、その孤独を受け入れることです。

孤独なのはリーダーの宿命のようなものです。孤独から逃げようとしても、逃げ切れるものではありません。

ですから、肯定的に受け入れていく姿勢を持つ必要があります。

孤独を受け入れることによって、リーダーは、孤独に鍛《きた》えられて強くなっていきます。

孤独などというものはまったく気にならない、むしろ孤独を楽しめるくらいに、強くなっていくのです。

そうなれば、多くの部下たちからも信望を集められるようになります。

2章

〝ひとりの時間〟に、自分らしい人生が見つかる

1 「自分らしさとは何か」を考えてみる

人間にとって、もっとも大きな生きる喜びとなるものは、「自己実現」ではないかと思います。

「自己実現」というのは、心理学用語の一つですが、わかりやすく言えば、「自分ならではの個性を生かしながら、自分がやりたいことを実現し、自分らしい充実した人生を生きていく」ということを意味します。

会社では、自分ならではのユニークな企画をどんどん提案し、そして、自分がやりたいと思う仕事を、自分の個性を生かしながら実現させていくことです。

プライベートに関しても、自分らしい趣味を楽しむのです。

たとえば、自分の個性を生かした部屋づくりを楽しみます。

また、趣味や、遊びや、あるいは勉強などで、自分がやりたいことを積極的に実現させていくのです。

実は、このような「自己実現」をはかるためにも、「孤独」が重要な役割を果たします。

自己実現のためには、まずは、「自分らしさとは、いったんどんなものなのか」「自分の個性とは、どういうものか」「自分は何をしたいと思っているのか」を自問自答して、その答を見つけ出すことが大切です。

そして、そのためには、「孤独の中で、静かに自分自身に問う」という作業が必要になってくるのです。

ロシアの文豪であるトルストイ（19～20世紀）は、「孤独な時、人間は真に自分自身を感じる」と述べました。

この言葉にある「人間は真に自分自身を感じる」とは、つまり、「自分らしさとは何か」「自分の個性とは何か」「自分がやりたいことは何か」という問いに対する答が、孤独を通して理解できる、ということだと思います。

2 覚悟してこそ、自己実現できる

「自分らしく生きたい」という人がたくさんいます。

しかしながら、「自分らしく生きたい」というのは、「言うは易《やす》く、行うは難《かた》し」なのです。

この言葉は、「口で言うのは簡単だが、しかし、それを実践していくのは難しい」ということを意味しています。

自分らしく生きるためには、まずは孤独を覚悟する必要があります。

なぜなら、「自分らしさ」というものは、孤独を通して実践されることが多いからなのです。

イギリス出身のミュージシャンで、ビートルズの中心メンバーだったジョン・レノン（20世紀）は、「君が孤独な時、本当に孤独な時、誰もができなかったことを成し遂げる（意訳)」と述べました。

この言葉にある「誰もができなかったことを成し遂げる」というのは、まさに「自分らしく生きる」ということを意味していると思います。

自分らしく生き、誰にも真似できないような、自分ならではのことを成し遂げていくということです。

そして、そのためには「孤独な時、本当に孤独な時」が必要になってくる、とジョン・レノンは言っているのです。

ジョン・レノン自身、自分らしく生き、また、誰にも真似できないような個性的な音楽をたくさん作ってきました。

そして、そんな人生の背景には、「孤独」があったのでしょう。

ジョン・レノンは、大勢の人に囲まれながら華やかな生活を送っていたように思われていますが、ある意味では、「孤独な人」でもあったのです。

そのような孤独を覚悟しなければ、「自分らしい生き方」は実現できない、ということです。

3 孤独を通して、個性的な仕事を実現していく

イタリア・ルネッサンス期を代表する画家にレオナルド・ダヴィンチ（15〜16世紀）がいます。

彼は、「画家は孤独でなければならない。なぜなら、一人でいる時、完全に自分自身になることができるからだ」と述べました。

有名な『モナリザ』を初め、ダヴィンチが描いた絵は、当時としては非常に画期的で個性的なものでした。

そのような絵画を描くことを通して、ダヴィンチは「自己実現」を果たしたのです。

つまり、絵を描くことによって、自分の個性を表現し、「自分がやりたいこと」を実現していったのです。

そして、ダヴィンチは、この言葉で、「そのような個性的な仕事をすることによって自

己実現するためには、孤独でなければならない」と言っているのです。

「完全に自分自身になることができる」とは、言い換えれば、「自分の個性を生かし、自分ならではの仕事を完成させることができる」ということを意味しています。

ここでダヴィンチは「画家は〜」と述べていますが、この言葉は、どのような仕事に携《たずさ》わる人にとっても、同様に言えることではないかと思います。

作家にしても、イラストレーターにしても、何かの職人にしても、あるいは一般のサラリーマンにしても、孤独を通して「完全に自分自身になることができる」のです。

つまり、「個性的に、自分らしく、自分にしかできない仕事を完成させていくことができる」ということです。

もちろん、仕事には、周りの人たちと協力していかなければならない面もあります。

しかし、その中で、「孤独の中で仕事をしていくことも大切だ」という意識を持っておくことが大切です。

それが、仕事で自己実現を達成するコツの一つになります。

4 「自分らしい人生」について考える

孤独の中で、人は「自分自身」と向き合うことになります。そして、

「私は、いったい何をしたいのだろう？」

「私らしい生き方とは、どんなものなのだろう？」

「どういう生き方が、私にとって一番幸せなのだろう？」

「私の個性とは、どういうものなのだろう」

といったことを考えます。

言い換えれば、一人になって孤独を感じるということは、これまでの自分の生き方を見つめ直す絶好の機会になるのです。

たくさんの仕事に追われて忙しい生活を送っていると、人はだんだん「自分らしい生き方」を見失っていきます。

そして、「何のために生きているのか。生きるのが虚《むな》しい」といった気持ちになっていくのです。

このような精神状態を放置しておくと、生きる意欲が失われて、何かしらの「心の病」を引き起こすことにもなりかねません。

そういう意味では、一度立ち止まって、自分の人生を見つめ直す必要が出てくるのです。

そして、そのためには、「一人になって考える」ということが非常に大切になってきます。

もちろん、友人や、信頼できる人に相談してみるのもいいと思います。

しかし、最終的には、一人になって考えないと、「自分らしい生き方とは、どういうものか」という問いについての答は見つからないと思います。

従って、毎日を忙しくバタバタ暮らしている人には、時々、一人になる時間を作って、自分自身を見つめ直す習慣を持つのが良いと思います。

それが、「自分らしい充実した人生」につながるのです。

5 「なりたい自分」をイメージしてみる

自己実現を果たす方法の一つに「イメージ」があります。

「なりたい自分」を、心の中で強くイメージするのです。

すると、そのイメージ通りの自分になれることがあります。

アメリカの第16代大統領であるエイブラハム・リンカーン（19世紀）は、「人は幸福になろうと決めて、心に幸福のイメージを描くと、そのイメージと同じような幸福が得られる」と述べました。

このリンカーンの言葉も「イメージすることには、すごい力が秘められている」ということを示していると思います。

従って、「成功して自己実現をしたい」と願うのであれば、「成功者として生きている自分自身のイメージ」を強く思い描きます。

また、「ステキな相手を見つけて、その人と結婚することによって自己実現したい」と思うのであれば、「幸せな結婚生活を送っている自分の姿」を強くイメージするのです。

すると、「イメージの力」が働いて、イメージ通りの人生が実現する可能性が高まっていくのです。

その際、「孤独の中でイメージする」ということが一つのコツになります。

たとえば、寝る前に、一人になってイメージします。

他人の存在に意識を奪われない分、イメージすることに集中できるのです。

その分、「イメージの力」が強まり、イメージが実現化する可能性も高まっていくのです。

瞑想しながら「なりたい自分」をイメージするのもいいと思います。

自然が豊かな場所で、一人でその風景に接しながら、「なりたい自分」をイメージするのもいいでしょう。

孤独にならなければ、良いイメージを描くことはできません。

6 セルフ・イメージを変えて、自分を変える

「自分を変えたい」という人がいます。

たとえば、

「引っ込み思案な自分を変えて、もっと積極的な人間になりたい」

「ネクラな性格を変えて、もっと明るい人間になりたい」

「私は何事も、あきっぽい性格だ。もっと粘り強い人間に生まれ変わりたい」

といったようにです。

確かに、自分の性格を変えるというのは簡単ではないのですが、不可能ではありません。

その方法の一つは、「なりたい自分をイメージする」ということなのです。

心理学に「セルフ・イメージ」という言葉があります。

「人間が、知らず知らずのうちに抱いている、自分自身に対するイメージ」のことを意味

する言葉です。

たとえば、「私は引っ込み思案だ」という人は、「口数が少なく、思っていることをはっきり言えない」という自分に対するイメージを知らず知らずのうちに持っているのです。

しかし、そのセルフ・イメージは、実は、自分の勝手な思い込みである場合も多いのです。

つまり、本当は引っ込み思案ではないのに、自分で「私は引っ込み思案だ」というセルフ・イメージを作りあげてしまっているのです。

もしそうならば、そのセルフ・イメージを変えれば、自分自身も生まれ変わることができるのです。

一日の生活の中で一人きりでいられる時、たとえば、夜眠りにつく前に、「積極的に発言し行動する自分」をイメージします。

「なりたい自分」を、イメージし続けます。

そうしているうちに、だんだんと、自分が生まれ変わっていくのです。

7 過去の成功体験を静かに思い返してみる

「私は、何をやってもダメな人間だ」と言う人がいます。

自分の能力や行動に自信を持てないのです。

しかし、本当に、「何をやってもダメ」という人間など、この世に存在するのでしょうか？

そんな人はいないと思います。

どんな人にも、欠点があれば、長所もあります。

劣っている部分があれば、すぐれている部分もあります。

そのような自分の長所や、すぐれた部分を生かせば、うまくいくことはたくさんあるはずです。

それを、「私は、何をやってもダメだ」と言うのは、恐らく、自分でそう思い込んでいるだけなのでしょう。

そのようなセルフ・イメージを自分で作り上げているのです。

ところで、「自分はダメ」と思い込んでいる人は、過去の失敗を引きずっている人が多いようです。

過去に何か大きな失敗をしたので、その時の悔しさ、恥ずかしさ、挫折感といったものを今でも引きずっているのです。

そのために、自分の将来にポジティブな希望を持てなくなり、「私はダメだ」というセルフ・イメージを作り上げているのではないでしょうか。

しかし、過去には、成功体験もあるはずです。「大きな成果を上げて、称賛された」ということもあったはずです。

従って、「静かな環境の中に一人身を置いて、そのような成功体験を思い出してみる」ということが、「私はダメだ」というセルフ・イメージを書き換えるための一つ方法になります。

孤独の中で成功体験を思い返してみることが、自分に自信と希望を取り戻すための一つのきっかけになるのです。

8 「鎖につながれたゾウ」から抜け出すためには？

『鎖《くさり》につながれたゾウ』という話があります。

一頭の子ゾウが、サーカスに連れてこられました。

子ゾウが逃げ出さないように、サーカスの団員たちは、子ゾウの足を鎖でつなぎました。

その後、子ゾウは、逃げ出そうとして必死に暴れました。

しかし、子ゾウの力は弱く、また、しっかりと足を鎖でつながれてしまっているために、どうしても逃げ出すことはできませんでした。

とうとう子ゾウは、あきらめて大人しくなりました。

それから何年か経ち、子ゾウはすっかり大人になりました。

大人であれば、強い力が備わっているので、鎖を切って逃げ出すことができます。

しかし、その大人になったゾウは、子ゾウであったころに植えつけられた「どんなに暴れても、この鎖を断《た》ち切ることはできない」という思い込みを捨てられずにいたのです。ですから、暴れて逃げ出そうとはしないのです。大人しいままでいるのです。

過去の失敗を引きずって、「私は何をやってもダメだ」と思い込んでしまっている人も、この話に登場する「ゾウ」に似ています。

子供の頃は、能力不足のために失敗してしまったのかもしれません。

しかし、大人になった今は、昔に比べて能力も知識も増してきているので、きっと、簡単に成功することができるでしょう。

しかし、過去の失敗の際に植えつけられた「私はダメだ」という思い込みを今も引きずっている人は、何事にも消極的になっているのです。

そんな過去のネガティブな思い込みを断ち切るために、孤独の中で、過去の成功体験について思い返すことが大切です。

また、一人静かに、これまでの人生の中で自分の能力は格段に増してきていることを再確認するのがいいでしょう。

9 ポジティブな情報を「選択して注意を向ける」

心理学に「選択的注意」という言葉があります。

「たくさんの情報の中から、ある一部の情報を選択し、そればかりに意識してしまうこと」といった意味を表す言葉です。

人の記憶の中にも「たくさんのネガティブ情報」が詰まっています。

失敗したという情報、恥ずかしい思いをしたという情報、上司から叱られたという情報、周りの人たちから軽蔑されたという情報など、たくさんのものが詰まっているのです。

そのようなネガティブな情報がある一方で、成功体験という情報、みんなから称賛されたという情報、うれしかった体験の情報、栄光をつかんだ時の情報といった、ポジティブな意味を持つ情報もたくさん存在しているのです。

それにもかかわらず、そのネガティブな情報ばかりを「選択」し、そればかりに「注意」

を向けて意識してしまうタイプの人もいます。

「私は何をやってもダメだ」

「私には何の才能もない」

「私には希望など何もない」

と思い込んで、「なりたい自分」になることをあきらめてしまう人には、このようなネガティブな情報ばかりを選択して注意を向けてしまう人が多いのです。

このようなタイプの人は、もう少し広い視野を持つことが大切です。

広い視野を持つことによって、記憶の中には、たくさんのポジティブな情報があることに気づきます。

そして、むしろ、ポジティブな情報へ意識を向けることで、自信と希望を持って「なりたい自分」を追いかけて行けるようになります。

では、どのようにすれば視野を広げられるのかと言えば、それは静かな環境の中で、一人で自分自身と向かい合う、ということなのです。

10 座禅をして「悪い思い込み」を捨てる

禅の言葉に、「莫妄想《まくもうそう》」というものがあります。

「妄想すること莫《なか》れ」とも読みます。

「莫れ」とは、「してはいけません」という意味です。

つまり、「妄想してはいけません」ということです。

また、「妄想」には、一般的には、「根拠のないことを、あれこれ想像すること」という意味がありますが、禅で言う「妄想」は「悪い思い込み」という意味に理解するほうがいいと思います。

鉄にサビがついていくように、人間の心には、生きている間に様々な「悪い思い込み」がこびりついていきます。

「私は愚かな人間だ」

「『なりたい自分』になんて、なれるはずがない」

「いくらがんばっても、どうせ認められない」

といった「悪い思い込み」です。

禅は、「そのような『悪い思い込み』を持ってはいけない。そんな『悪い思い込み』は、すべて捨て去ってしまうことが大切だ」と教えるのです。

「悪い思い込み」を捨て去ってこそ、自分という人間のありのままの姿を素直に見ることができます。

実は、自分には、いいところもたくさんあることにも気づきます。

そして、自信と希望を持って生きていけるようになるのです。

では、どのようにして、そのような「悪い思い込み」を捨てるのかと言えば、禅の場合は、言うまでもなく「座禅」です。

姿勢を正し、心を静め、呼吸を整え、そして孤独の中で瞑想するのです。

自分についての「悪い思い込み」を捨てて、自分の「いいところ」を見つけ出すために、時々、座禅や瞑想に取り組んでみてもいいのではないでしょうか。

3章

一日の中にあえて〝ひとりの時間〟をつくる

1 「ソリテュード」が、心を癒す

アメリカの心理学に「ソリテュード」という言葉があります。

アメリカの心理学で提唱された考え方です。

「ソリテュード」は英語で、「一人ぼっちでいること」という意味があります。

心理学では、「積極的な孤独」という言い方もあります。

つまり、「自分から進んで、積極的に、一人になる時間、孤独な時間を作っていく」という考え方です。

このような考え方に共感する人たちが増えている背景には、慌ただしい現代社会の状況があると思います。

現代は、忙しい仕事に追い立てられて、気が休まる暇《ひま》がありません。

周りの人たちに振り回されて、心の中はストレスだらけです。

そうなると心も体も疲れ切ってしまいます。

たまには息抜きにと、会社の同僚たちと食事に行ったり、カラオケに行ったりする場合もあるでしょう。しかし、それも息抜きになるどころか、周りの人たちに気を遣ってしまい、余計にストレスが溜まってしまう、ということもあるのです。

そのように仕事や人間関係で疲れ切っている人たちにとって、「一人でいる」ということが唯一の休息になるのです。

わずらわしいことから解放されて、心からホッとできる時間になるのです。

そういう意味で、「自分から進んで、積極的に孤独になる時間を作ることが大事」と提唱する心理学者や、あるいは精神科医が現れて、それを実践している人たちも多くなってきているのです。

確かに、「一人でいる時間」というのは、人の心を癒します。

一人でいることを寂しいと感じる人がいるかもしれませんが、それは言い換えれば、安らぎに満ちた寂しさなのです。

その意味では、一人の時間、孤独な時間を日常生活に取り入れていくことが大切です。

2 人間関係が上手な人ほど、ひとりの時間が必要になる

幸せに生きていくためには、「上手に人とつき合っていく」ということが、とても大切な要素の一つになります。

周りにいる人たちとトラブルばかり起こしていたのでは、そのために毎日のように怒りやイライラに悩まされ、とても幸せには生きていけません。

従って、人と上手につき合っていく方法を学んで、平穏な気持ちで生きていくことが、幸せのコツになるのです。

しかし、一方で、上手に人とつき合っていっても、時に、ストレスになることも事実です。

周りの人と衝突しないように気を遣ったり、自分の思いを押し殺したり、相手に合わせないとならない時もあるからです。

そんな気苦労が重なるとストレスになっていくのです。

実際には、表面的には周りの人たちと上手に楽しくつき合っていながら、人間関係の気苦労からストレスを溜め込んで、人知れず思い悩んでいる人のほうが多いのかもしれません。

しかし、その状態を続けていくことは禁物です。

溜まったストレスは、いずれ爆発することになります。

人間関係で突然キレてしまって、それこそ周りの人たちとトラブルを引き起こしかねないのです。

そうならないためには、自分から進んで、積極的に「一人の時間」「孤独な時間」を作っていくことが大切です。

一人でいる時は、他人に気を遣う必要はありません。

ですから、一人でいる時は、とても心が休まるのです。

従って、時々、一人きりになって本を読んだり、瞑想にふけったり、散歩をする時間を作るのがいいでしょう。

それが、いいストレス解消法になるのです。

3 「ひとりでいたい」のは、心が癒しを求めている証

「一人でいるのが怖い」という人がいます。

心の中では、その人は、「今日は一人でいたい」という気持ちがあるのです。

しかし、会社の同僚から、「仕事が終わったら遊びに行こう」と誘われると、断ることができません。

誘いを断われば、相手から「つき合いが悪い」だとか、「協調性がない人だ」と思われるかもしれません。それが、怖いのです。

お昼休みも、時に、「一人でいたい」という時があるのですが、結局は、みんなと一緒に過ごすことになります。

一人でいるところを誰かに見られたりすれば、「あの人は、変わった人なのかもしれない」だとか、「お高く止まっている」と思われるかもしれません。それが、嫌なのです。

そして、結局は、「一人でいたい」という気持ちを押し殺して、みんなと一緒にいることになります。

しかし、そういう状態が続くと、心には重いストレスがのしかかってくるのです。

誰にも、「一人になりたい」という時があります。

それは、ある意味、人間関係のストレスが溜まって、心が悲鳴を上げている時ではないかと思います。

そういう時に、自然に、「一人になりたい」という気持ちが生じてくるのです。

つまり、それは、心が「癒し」を欲している証しなのです。

ですから、そういう時には、自分の感情に素直に従って「一人の時間」を過ごすほうがいいと思います。

誘いを断ったり、昼休みに一人でいても、たまになら周りの人たちから悪く思われることはほとんどありません。

ですから、あまり「怖がる」ことはないのです。

4 人づき合いが好きな人にも「孤独」が必要

リーダーシップがあり、人の面倒見がいい人がいます。

職場では、部下や後輩たちを集めてランチに行ったりします。

部下や後輩から相談を受けることもよくあります。

もちろん、何か相談を受けた時は、親身になって話を聞いてあげます。相手が納得するまで、最後まで話を聞いてあげるのです。

プライベートでも、地域のサッカーチームの監督を勤めたり、自治会の活動にも積極的に参加します。

その上、ボランティア活動の役員などもしています。

もちろん、家族サービスも忘れません。

それだけ、人づき合いが好きなのでしょうが、たとえそんなタイプの人であっても、やはり人間関係に疲れてしまうこともあるのです。

従って、そういう人は時には、みずから意識して「孤独になる時間」を作るのがいいと思います。そうしないと、どこかで、心のバランスを崩してしまうことになると思います。

アメリカなどでは、このような「リーダーシップがあって、人づき合いがいい人」が、うつ病になるケースが多いと言われています。

表面的には、明るく、楽しく、いつもワイワイと人とつき合っているように見えるのですが、内心ではかなり無理をしているケースもあるのです。

そして、どこかで心のバランスを崩して、うつ病となってしまうのです。

日本でも、最近は、この「リーダーシップがあって、人づき合いがいい人」が、うつ病になるケースが増えてきているようです。

従って、たとえ人づき合いが好きな人であっても、みずから進んで「孤独な時間」を持つようにするのがいいと思います。

その「孤独な時間」が、心の休息となります。そして、十分に休息を取れば、また、人と楽しくつき合っていけるでしょう。

5 いつもの生活パターンを変えてみる

「人づき合いが忙しくて、一人になれる時間をなかなか取れない」と言う人がいるかもしれません。

しかし、「一人の時間」は、日常生活の中でちょっと工夫するだけで作っていけると思います。

そのコツは、「いつもの生活パターンを変えてみる」ということです。

たとえば、いつもと通っているところとは違う美容室へ行ってみる、ということがあります。

いつも通う美容室は顔見知りの人かもしれませんが、初めていく美容室は初対面の人です。

ですから、何か話しかけられることもなく、一人の時間を楽しめます。

髪をカットしてもらいながら、一人で静かに瞑想にふけることもできます。

毎日ランチは社員食堂や、会社の休憩室で取ることが習慣になっている、という人もいると思います。

そんな人は、たまには、外に一人で食べに行く、というのもいいでしょう。

会社の同僚たちから離れて、お昼休みの時間、しばし新鮮な気持ちを味わうことができると思います。

「一人で食事することなど滅多にない」という人は、たまに一人で食事をすることで、とてもいい心の休息となるのです。

いつも寄り道などせずにまっすぐ家に帰るという人は、たまにはそんな習慣を変えて、一人で図書館に立ち寄ってみる、というのもいいでしょう。

最近は図書館も遅い時間まで開いているところが増えてきているようです。

ですから、会社帰りにも立ち寄れる図書館もあるのです。

図書館で一人で過ごす時間も、いい心の安らぎになると思います。

そんなふうにすれば「一人の時間」を作っていけるのです。

6 身近な場所に「サード・プレイス」を作っておく

「サード・プレイス」という言葉があります。

「プレイス」は、「場所」という意味です。

つまり、「三番目の場所」ということです。

「ファースト・プレイス」、つまり「一番目の場所」は「家庭」です。

「セカンド・プレイス」、つまり「二番目の場所」は「職場」です。

家庭では、一人暮らしの人を除《のぞ》いて、なかなか「孤独な時間」を持つことはできません。

職場でも、個人で仕事をしている人は別にして、やはり「孤独な時間」を持つことは難しいでしょう。

ですから、家庭でも職場でもない、自分なりの「サード・プレイス」、つまり「三番目の場所」を作って、そこで孤独な時間を大いに満喫するのがいい、という考え方があるのです。

では、どういう場所を「サード・プレイス」にすればいいのかと言えば、それはたとえばカフェや喫茶店です。

「図書館」や「美術館」でもいいでしょう。

「公園」や「博物館」でもいいと思います。

「スポーツジム」もあります。

そんな自分なりの「サード・プレイス」を作っておいて、日常生活の中でそのような場所に行って、一人の時間を過ごす習慣を作っておくのです。

これも、心理学で言う「ソリテュード」(積極的な孤独)の実践法の一つです。

それが、いい心の安らぎとなり、また健康的な心のバランスを保っていく上で、とても役立つのです。

また、「サード・プレイス」は、人を気にせずに「ありのままの自分」を取り戻せる場所にもなります。

7 電車の中では携帯の電源を切る

電車の中でスマートフォンをのぞきながら、メールや、ツイッターなどのソーシャルネットワークをしている人の姿をよく見かけます。

もちろん、必要があるなら、電車の中でメールやツイッターなどをするのもいいと思います。

しかし、現代人にとって「電車の中」は、一人になれるとても貴重な場所なのです。

その貴重な「一人の時間」を大切にするために、必要がないならば、ときにはスマートフォンの電源を切っておくのがいいでしょう。

そして、本を読んだり、物思いにふけったり、電車の中でも一人の時間を存分に楽しむのです。

また、窓から外の景色を眺めながらボーッとするのもいいと思います。

ちなみに、禅には、「立禅《りつぜん》」というものがあります。

これは、「立ちながら行う禅」のことです。

立っている姿勢で、ゆっくりと呼吸を整えていき、そして息を吸って吐く行為に意識を集中します。

そうすることによって、無心の境地になっていきます。

この「立禅」などは、電車の中で立っている時に実践できます。

また、「椅子禅」というものもあります。

これは、「椅子に座りながら、呼吸を整え、無心になっていく禅」です。

これが、電車で座席に座れた時などには実践できます。

電車の中で、このような「立禅」「椅子禅」をして、一人の時間を有意義に使うのも、電車の中で一人時間を楽しむ一つの方法だと思います。

8 「偶然に空いた時間」を楽しむ

どんなに忙しい人であっても、「たまたま時間が空く」ということがあります。

たとえば、出張先で、たまたま用事が早く終わって、「帰りの列車や飛行機の出発時間までに、少し余裕がある」という時です。

また、アクシデントで電車や飛行機が遅れて、何時間か待たされる、ということもあるかもしれません。

それは、ある意味、絶好の「一人時間」となるのです。

その時間を「孤独を楽しむ時間」として有意義に使うのがいいと思います。

出張先の街を一人でブラブラ散歩してみるのもいいでしょう。

見晴らしのいい場所があれば、そこで風景を眺めながら、一人で静かに物思いにふけるのもいいと思います。

そこで一人でじっくりと、これからの人生について考えてみてもいいと思います。

このように、誰にでも思いがけずに生まれる「一人の時間」というものがあるものなのです。

ですから、そういう時間に恵まれた時には、「運がいい」と思って、その一人の時間を有意義に使えばいいのです。

また、待ち合わせの時間に相手が遅れて、なかなかやって来ない、という時があります。

そういう状況になると人はついイライラしがちですが、そのように感情を荒立てるのではなく、「運良く、一人時間に恵まれた」と考えて、相手がやって来るまで、街を行き交う人の姿を眺めながら物思いにふけったり、あるいは本を読んで過ごすのがいいと思います。

そのようにして「偶然に空いた時間」「偶然に一人になれた時間」を、有意義に使っていこうという意識を持っておくことも、心理学で言う「ソリテュード」(積極的な孤独)の一つのあり方だと思います。

9 「熱中する」「瞑想する」で楽しむ

「一人の時間」を「心を癒す時間」として十分に有意義なものにするためには、「心配事や悩み事を忘れる」ということが挙げられます。

せっかく一人の時間があるというのに、仕事や人間関係のことを思い出して、「あのことが気がかりだ。どうすればいいんだ」などとイライラしたり、ムカムカしているようでは、リフレッシュすることはできません。

一人で心を癒そうという時には、そういう心配事や悩み事からは頭を切り離すのが良いと思います。

それでこそ、一人の時間を十分に楽しむことができますし、いいストレス解消もできるのです。

では、どうすれば上手に心配事や悩み事からは頭を切り離すことができるのかと言えば、それは、一つには好きなことに熱中することです。

たとえば、好きな音楽に熱中することです。

汗を流すことが好きな人は、スポーツに熱中するのもいいでしょう。

好きな本を読むことに熱中するのもいいでしょう。

好きな編み物に熱中するのもいいと思います。

散歩が好きな人は、歩きながら街の様子を見て回って、新しい発見をしていくのもいいでしょう。

好きなことに熱中している間は、人は、心配事や悩み事を忘れていることができるのです。

もう一つには、瞑想などによって、無心の境地になることです。

瞑想の基本は、目を閉じてから静かに自分の呼吸に意識を集中する、ということです。

そのために、呼吸する数を、一回、二回と数えていく、という方法もあります。

このように「熱中する」、あるいは「瞑想する」という方法で、心配事や悩み事を消し去って、一人の時間を活用することができます。

10 「群衆」の中にあっても、孤独な時間を大切にする

19世紀のアメリカに「超絶主義《ちょうぜつしゅぎ》」という思想運動がありました。

「超絶主義」とは、簡単に言えば、「世間の動きに左右されることなく、自分ならではの考え方や生き方をしっかり貫いていこう」という考え方です。

そして、超絶主義では、自分ならではの考え方や生き方を貫いていくために、「孤独」というものを大切にしていました。

この超絶主義の代表的な思想家であるラルフ・ウォルドー・エマーソン(19世紀)は、「群衆の中にあっても、孤独を守る人こそ、至高の人である」と述べました。

人は、大勢の人たちと共に生きています。

しかし、そのような状況にあっても、「孤独な時間を大切にして生きていくことが大事」ということです。

そういうことができる人こそが「至高の人」、つまり「この上なく、すばらしい人だ」と、エマーソンは言っているのです。

実は、現代の心理学がいう「ソリテュード」、つまり「みずから進んで、積極的に孤独な時間を作っていく」という考え方も、この19世紀の超絶主義から生まれてきたと言われています。

結局は、昔も今と変わらずに、人は、忙しい仕事や、人間関係や、あるいは社会の動きといったものに振り回されてストレスを溜め込んでしまうことが多かったのです。

そして、そのような人は、やはり昔も今と変わらずに、一人になるということを通して心を癒してきた、ということなのです。

つまり、「群衆の中にあって、振り回されて自分を見失ってしまうようではいけない」ということなのです。

4章

〝ひとりの時間〟こそ、ありのままの自分と向き合える

1 「自分自身と向き合う」時間を持つ

「孤独の中で、自分自身と向き合う」という時間を持つことは、人にとってとても良いことだと思います。

それは、自分の人生について考える、ということになるからです。

また、自分にとって大切な人たちについて考える、ということにもなります。

それは、自分は何をしたいのか、ということを考える時間にもなります。

また、自分らしい幸せの形とは、どのようなものだろう、ということについて考える時間にもなります。

そのような「孤独の中で、自分自身と向き合う」という時間を持つことによって、落ち着いた気持ちで暮らしていけるようになります。

つまらない感情に振り回されることなく、毎日を平常心で生活できるようになるのです。

また、やるべきことへ向かっての集中力も高まります。

その結果として、充実した人生を送ることができます。

では、具体的に「孤独の中で、自分自身と向き合う」には、どうすればいいかと言えば、そのもっとも手軽で簡単な方法は「日記を書くこと」だと思います。

一日の生活の締めくくりとして、日記を書くのです。

それは、静かに自分自身に向かい合う時間になります。

とは言っても、あまり難しく考える必要はありません。

今日あったことを、ありのままに書き出していけばいいのです。

そうすることで頭の中が整理され、その中から「生きる知恵」を発見できることもあります。

また、今後の希望を書き出してもいいでしょう。そうすることで、明日からの生活を意欲的に生きていけるようになります。

それが、日記を通して自分と向かい合うことの効用です。

2 「日記を書くこと」が、ストレス軽減に役立つ

「日記を書く」というのは、言い換えれば、「孤独の中で、自分自身と向き合う」という作業だと思います。

この作業には、最近、様々なメリットがあることがわかってきています。

たとえば、アメリカのアイオワ大学の研究では、「日記を書くことで、日頃のストレスが軽減される」ということがわかりました。

たとえば、日常生活の中で、何か嫌なことがあったとします。

仕事がうまくいかずに、上司から怒られたり、取引先から嫌味を言われた、といったことです。

あるいは、身近な人と口ゲンカになって、お互いにひどい言葉で相手を傷つけあった、といったことです。

そのような出来事を日記に書き出すと共に、その時に自分が感じたことを書き出すのです。

そうすることで、楽天的な気持ちになれます。

「まあ、しょうがない」と軽く受け流すことができるからです。

あるいは、「私には、こういう悪いところがある。そのために、いつも失敗している」という発見が生まれます。

そして、「この反省を次に生かして、今度は失敗しないようにしよう」といったように、失敗や、うまくいかないことを前向きに受け入れることもできるようになるのです。

また、アイオワ大学の研究では、この日記を書く作業は、一日十五分程度、週に四日前後書くことで、いい効果が出てくることがわかっています。

従って自分と向き合う意味で、日記を書くのも一つの方法だと思います。

3 「ありのままの自分」が見えてくる

「ありのままの自分として生きていきたい」と言う人が大勢います。

しかし、人というものは、意外と、「ありのままの自分とは、どういうものなのか」ということがわかっていないものです。

「ありのままの自分」「自分らしさ」「自分は何をしたいと思っているのか」ということについて、実は、自分自身がよくわかっていない、ということも多いのです。

そのために、「ありのままの自分として生きていきたい」と思いながらも、毎日を漠然《ばくぜん》とした気持ちで、流されるままに生きている、という人も実際には少なくありません。

「ありのままの自分として生きていきたい」のであれば、まずは、「ありのままの自分」とは、どういうものなのかを、はっきりと自分なりに把握《はあく》しておく必要があります。

そのために役立つのが日記です。

「日記を書くことを通して、孤独の中で自分自身と向かい合う」ということなのです。

人に見せるものではないので、一人で日記を書いている時、他人の目を気にする必要はありません。

「自分が書くことが、他人にどう思われるか」といったことを心配する必要もないのです。

ですから、素直な気持ちで自分と向かい合えます。

自分のホンネを、他人を気にせずに、書き出していくことができます。

それが「ありのままの自分」を知るきっかけになるのです。

まずは、「私は、私をこういう人間だと思う」ということを、書き出していきます。

その日あった出来事と重ね合わせながら、「今日、人から嫌味を言われたが、私は言い返さなかった。私は、たぶん、人とケンカすることが嫌いな人間なんだと思う」といったように書き出していけば、さらに具体的に「ありのままの自分」というものの姿がはっきり見えてくると思います。

4 「思いつき日記」で、創造性を高める

クリエイティブな仕事に携わっている人は、日々ユニークで新しい企画をどんどん提案していかなければなりません。

しかし、どんなにアイディアが豊富な人であっても、毎日毎日ユニークなアイディアを発想し続けるということは、それほど簡単なことではないのです。

それでも仕事なのですから、頭をひねってアイディアを発想していかなければならないのですが、そのためには日頃から自分なりに、自分の創造性を高める工夫をしていく必要があると思います。

その工夫の一つが、「日記を書く」ということなのです。

日記を通して、「孤独の中で、自分自身と向かい合う」のです。

一人になれる環境で、夜か早朝、自宅にいる時がもっとも良いと思いますが、あるテー

マに関して心に思いつくことをどんどん書き出していきます。

たとえば、今、新商品を売り出すための広告戦略についての仕事をしている時には、その商品について「こういうところが便利だ」「デザインがすばらしい」といったように自分が思うことをどんどん書き出していきます。

広告コピーや、「こういう売り出し方をすればいいんではないか」などと思うことも、次々に書き出していきます。

今日新しく思いついたことを書き出し、明日はまた新しく思いついたことを書き足していきます。

毎日、このような、いわゆる「思いつき日記」を書き続けていくうちに、自然に考えが整理されていきます。

そして、ある日、「これだ」という画期的なアイディアを思いつくことができるのです。

また、自分の中にある創造的な精神も活性化されていきます。

その結果、面白いアイディアを思いつく基礎力がついていくのです。

5 日記を書くことで、「寂しい気持ち」が癒される

アメリカの思想家であり作家だったヘンリー・デイヴィッド・ソロー（19世紀）は「私にとって、孤独ほど、親しい友人はいまだかつていない（意訳）」と述べました。

日記を書くということは、孤独な作業です。

しかし、それは「寂しい作業」ではありません。

なぜなら、その孤独を「親しい友人」にすることができるからです。

ですから、孤独の中で日記を書いている時は、かえって、寂しい気持ちが癒されていくのです。

ソローという人物は、森の奥に小さな小屋を建てて、約二年間ほど、一人で暮らしたことで有名です。

その時のことを『森の生活』という本にまとめました。

名著として今でも読み継がれています。

友人や家族や仕事の関係者から離れ、森の奥で一人暮らしをしていたのですから、ソローは孤独であったことには違いありません。

しかしながら、その孤独を「親しい友人」にしていたソローは、寂しさを感じることはなかったのです。

むしろ、とても満たされた気持ちでいました。

今、親しくつき合っていく友人などがおらず、寂しい思いをしている人がいるかもしれません。

家族がおらず、寂しい思いで暮らしている人がいるかもしれません。

あるいは、会社などで、意見対立から孤立してしまって、寂しく感じている人がいるかもしれません。

そのような人は、日記を書くことで孤独を友としていくことで、寂しい気持ちが癒されていくのではないでしょうか。

6 「内観」によって、人生について深く考えてみる

仏教や心理療法に「内観《ないかん》」という言葉があります。

「自分の心の内を観察する」ということです。

「今、自分がどういう気持ちでいるか」「自分は何をしたいと思っているか」ということを自分自身に問いかけることから始まり、自分のもっと奥深いところまで思いを持っていきます。

また、自分が今経験していることや、あるいは過去に経験したことは「自分の人生にとって、どういう意味があるのか」ということについて深く考えます。

そのように、孤独な環境の中で「内観」を実践することによって、自分自身の人間性が成長していきます。

そして、人生というものについて、深く考えていくことができるようになります。

また、落ち着いた、安らかな気持ちで日常生活を送っていけるようなります。

あるいは、今よりも強く生きていくための、きっかけを得られます。

では、具体的に、どのようにして「内観」を行うのかと言えば、その方法の一つは「瞑想」です。

静かな環境の中で目を閉じて、呼吸を整え、自分自身の内面と向かい合うのです。

また、もっと簡単にできる方法として、「鏡を見る」というものもあります。

鏡に映る自分の顔を見ながら、自分の内面世界について考えるのです。

これでしたら、毎朝、洗面台の鏡を見ながらでもできます。

夜、鏡に映る自分の顔を見てもいいでしょう。

鏡で自分自身を見ながら、少しの時間、自分の人生について考えてみるのです。

そのような習慣を持つことによって、深い考えを持って生きていけるようになると思います。

その結果、人生が充実したものになっていくと思います。

7 自分の「肉体」と向かい合ってみる

江戸時代中期の禅僧に白隠《はくいん》（17〜18世紀）がいます。

この白隠は「内観」によって、体調不良を治したと言われています。

若い頃、白隠は、禅の修行の一つとして、激しい水行《みずぎょう》を行いました。滝に打たれたり、冷たい水に入ってお経を読む修行です。

しかし、あまりに激しく水行を行ったために、体調が悪くなってしまいました。

そこで、白隠は「内観」を行ったのです。

白隠の言う「内観」とは、自分の心へ意識を集中するというよりも、むしろ肉体の内部に意識を持っていく、というものでした。

それは、簡単に言うと、仰向《あおむ》けに寝た姿勢で、おヘソの辺りに意識を集中させながら、ゆっくりと腹式呼吸を行うのです。

また、吸って吐く呼吸を、心の中で、一回、二回と数えていきます。呼吸を数えることは、雑念を払って無心になることに役立ちます。

そして、呼吸を繰り返しながら、自分の体の奥底に力強いエネルギーが注入されていく様子をイメージします。

これを朝起きた時と、夜寝る前に、一日二回行っていくのです。

この方法で、白隠は、体調不良を克服したと言います。

現代医学の面からも、この白隠の内観法は、呼吸器系の疾患や、あるいは、うつ病などの症状を緩和する効果が期待できると言われています。

現代人の中にも、働きすぎや、ストレス過剰のために、「なんとなく体調がすぐれない」という人がいるかもしれません。

このような人たちにとっては、この白隠の内観法が、体調改善のために役立つかもしれません。

一人静かに横たわりながら、ゆっくりと呼吸しながら、エネルギーが注入されていくイメージを持つことで、体調が改善されていくのです。

8 「本を読む」ことを通して、人生について考える

「本を読む」ということが、「孤独の中で、自分の人生に向かい合う」ということにつながります。

この場合の「本」とは、マンガなどの娯楽性のものではなく、人生論、偉人伝、教養書、哲学書、あるいは文芸作品がいいでしょう。

そのような教養ある本を読みながら、一人静かに自分に向かい合い、そして自分の人生について考えます。

その本に書かれているのは、自分にとっては「他人の人生のこと」かもしれません。

しかし、その「他人の人生のこと」を通して、自分自身の人生について考えることができるのです。

そして、「私も、こういう生き方をしてみたい」「人間にとって本当に幸福なこととは、

こういうことではないか」という様々な発見をします。

そして、その発見が、自分の人間性をより深くし、また、より成長させていってくれるのです。

そういう意味では、日々、本を読みながら、一人、人生について思索《しさく》する時間を作るのがいいと思います。

それは、たとえば、電車の中であってもいいのです。喫茶店であっても構いません。周りには大勢の人がいるかもしれませんが、本を読んでいる間は、自分一人の世界に入り込むことができるのです。

「読書尚友《どくしょしょうゆう》」という言葉もあります。

「本を読むことによって、その本を書いた偉人たちと会話し、また、その偉人たちを友のように思うことができる」という意味を表しています。

本を読むというのは確かに、孤独な行為かもしれません。

しかし、その本の著者と「心の交流」を感じ取ることができれば、その孤独は決して寂しいものではありません。大きな喜びをもたらすものなのです。

9 孤独になることでしか理解できない、大切なものがある

人には、孤独を通してしか理解することができない、ある大切なことがあるように思います。

ここで、仏教の創始者であるブッダ（紀元前5～4世紀）について話したいと思います。

ブッダは、現在のネパール（インドとの国境付近）のルンビニで、当時のシャカ族の王の息子として生まれました。

生活は豊かで、皇太子として何一つ不自由のない環境で育ちました。

しかし、ブッダは、その生活に幸福を感じられませんでした。

そして、「人間にとって真の幸福とは、物質的な豊かさで得られるものではない。人間には、もっと深い意味での幸福があるのではないか」という疑問を抱き、二十九歳の時に出家《しゅっけ》をします。

「出家」とは、家も財産も地位も何もかも捨て去って、森の奥で一人で修行を始めることを意味します。

ブッダも、一人きりで、孤独の中で修行を始めました。

そして、三十五歳の時に、人間にとっての真の幸福とは何かを理解しました。

つまり、「悟《さと》り」を得たのです。

ブッダのように、六年間孤独の中で修行をするのがいい、と言いたいのではありません。

ただ、現代人にとっても、「孤独を通してしか理解できない、大切なもの」があるように思います。

そして、それは、自分の人生にとって、とても重要な意味を持っているものなのだと思います。

従って、時々、孤独になる時間を作って、その「自分の人生にとって大切なものは何か」ということについて深く考えるといいと思います。

10 「霊感」の声を聞く

ドイツの文豪であるゲーテ（18～19世紀）は、「人間は社会の中でものを教わることができる。しかし、霊感を得ることができるのは、ただ孤独においてのみである」と述べました。

人は、社会の中で、処世術だとか、仕事の仕方だとか、様々な知識を教えてもらうことはできます。

しかし、ゲーテが言う通り、その社会というものから少し離れて、孤独にならなければ、「霊感」というものを得ることはできません。

「霊感」とは、「自分の心の奥深いところから聞こえてくる、神秘的な声」のことです。「自分の命が発する、本能的な声」と言ってもいいかもしれません。

実は、理屈で考えることよりも、この「霊感が教えてくれるもの」のほうが、よほど正しい、ということがよくあるのです。

霊感に従って行動することで、大きな成功と幸せを得られる、ということがしばしばあります。

アップルの創業者の一人であるスティーブ・ジョブズ（20～21世紀）も、「霊感を信じる勇気を持つことが大切だ。なぜなら、霊感は、あなたが本当になりたいものを知っている（意訳）」と述べました。

あれこれ理屈で考えて行動するよりも、霊感に従って行動するほうが、「これが私が本心から望んでいたものだ」というものを実現できることがある、ということです。

そのようにして「霊感」は、その人に貴重なことを教えてくれます。

そして貴重なアドバイスをしてくれるのです。

そして、そんな「霊感」を得るためには、「孤独になる」ということが必要になるのです。

5章

〝ひとりの時間〟がある方が、感情コントロールがうまくなる

1 物事を落ち着いて考えられるようになる

「孤独になる」ということのメリットの一つに、「冷静に、客観的に、また理性的に物事を考えられるようになる」ということがあります。

従って、何かアクシデントに見舞われたり、窮地に陥《おちい》って精神的に動揺している時には、とりあえず一人になって物事を考え直してみる必要があります。

一人になることで、動揺する気持ちを静めることができます。

そして、落ち着いた気持ちで理性的に「どう対処すればいいか」ということを考えることができます。

一人になって物事を考えることによって、頭の中でゴチャゴチャになっていたものを、整理して考えることができるのです。

今何が問題で、また、今自分は何を最優先にしなければならないのかが、整理できてきます。

また、一人になって対処策を考えるほうが、いいアイディアも思いつきやすいのです。結果的に、早く、的確にトラブルを解決し、また窮地から脱出することが可能になるのです。

ですから、心が動揺し、頭が混乱してしまって、何をどうすればいいかわからなくなってしまった時には、とりあえずその場から離れて一人になるのがいいと思います。

職場から離れるという方法もありますし、使われていない会議室などにこもって一人で考える、という方法もあります。

もしも、その場から離れることが難しい場合には、周りの人たちに「少し、一人にしておいてもらえませんか」と説明し、話しかけないようにしてもらう、というのも一つの方法になるでしょう。

2 急いでいる時ほど「ひとりになって考える」

「焦ってしまって、慌てて結論を出して、結局は大きな失敗を招いてしまった」という経験がある人もいると思います。

特に、切羽詰まった状況にある時は、焦って、そのような間違いをしやすいものです。

「急いては事を仕《し》損《そん》じる」ということわざもあります。

これは、「何事においても、焦って何かをすると、失敗しがちである。急いでいる時ほど、落ち着いて判断し、行動することが大事である」という意味です。

平時であれば的確に判断し行動できる状況であっても、切羽詰まった状況にある時は往々にして、「焦って間違いをおかす」ということをしてしまいがちです。

「早く、この状況から抜け出したい。急いで問題を片づけたい」という気持ちが強まってきて、気持ちがどんどん焦ってきてしまうのです。

それが間違った判断や、間違った行動の原因になります。

ですから、「焦り」は禁物です。

焦った時は、まずは「気持ちを落ち着ける」ということが大切なのです。

そして、この「気持ちを落ち着ける」ということのために有効な方法の一つが、「孤独になる」「一人になる」ということなのです。

一人になることで、焦る気持ちが静まるのです。

感情に惑わされることなく、落ち着いた気持ちで、理性的に「どうすればいいか」ということを検討することができるのです。

ですから、急いでいる時ほど、「一人になる」のがいいと思います。

「一刻も早くどうにかしなければならないのに、そんな時に一人になってものを考えるなんて、悠長《ゆうちょう》なことを言っていられない」と言う人もいるかもしれません。

しかし、それが判断と行動を誤る原因になるのです。

3 焦って行動すれば、チャンスを逃がす

人の心に焦りの感情を生み出す原因の一つに「功名心」があります。

「功名心」とは、「出世したい。大活躍したい。名を上げたい。注目されたい」という人間の感情を意味する言葉です。

何か大きなチャンスが目の前にある時、「誰よりも早くこのチャンスをものにして、早く注目される存在になりたい」と気持ちを焦らせてしまって、状況をよく考えずに軽々しい行動に出て、チャンスをつかむどころか、大失敗してしまう、ということもあるのです。

もちろん、チャンスをつかむためには素早い判断、素早い行動が大切です。

グズグズしていたら、せっかくのチャンスを取り逃がしてしまうかもしれません。

しかし、「焦り」は禁物なのです。

大切なのは、「素早い、的確な判断」です。「素早い、的確な行動」です。

しかし、気持ちが焦ってしまうと、この「的確な判断と行動」を取ることが難しくなってきます。

何でもいいから、早く判断し行動すればいいというものではありません。

そういう意味では、チャンスを前にした時も「一時、一人になる」ということが大切になってきます。

一人になって、冷静に、「どうすればチャンスを確実に手にできるか」ということを考えてみるのです。

それが「的確な判断と行動」につながります。

戦国武将の織田信長（16世紀）は、「功名心から、早く手柄を立てたいと焦ってしまう人間は、とかく軽率な行動に出て、自分の軍を危険にさらす（意訳）」と述べました。

「手柄を立てるためには、落ち着いて行動することが大切だ」と信長は言いたかったのでしょう。

4 一度立ち止まって、ひとりになって考えてみる

イソップ物語に『水の涸《か》れてしまったカエル』という話があります。

ある池には、二匹のカエルが暮らしていました。

しかし、その池は、水が涸れて干上がってしまったのです。

水がないところでは、カエルは生きていけません。

そこで、二匹のカエルは、水が豊富にある新しい場所を探しに旅に出ました。

すると、井戸がありました。

井戸の中には水があるはずです。

一匹のカエルは、喜んで井戸の中へ飛び込んでいこうとしました。

しかし、もう一匹のカエルが、「君、焦ってはいけないよ」と引き留めました。

「井戸に飛び込んだら最後、この井戸から出てこられなくなってしまうかもしれないよ」

と、そのカエルは諭《さと》したのです。

この話は、「焦って行動してはいけない。よく考えてから行動することが大事だ」ということを教えてくれているのです。

目の前に、何か欲しいものがあったとします。

それは、「成功のチャンス」かもしれません。

あるいは、「儲《もう》け話」かもしれません。

また、「大きな手柄話」かもしれません。

しかし、「早く、それを欲しい」という気持ちから、焦って行動すれば、そのために不幸を招いてしまうこともあるのです。

従って、少しの時間、冷静になって、「どうすれば上手に、それを手にすることができるのか」ということを考えるほうが賢明なのです。

そして、冷静になるための方法の一つが、「一度立ち止まって、一人になって考える」ということなのです。

それが、欲しいものを確実に手にするコツです。

5

人の意見を参考に、最終的には自分で判断する

困った問題に直面した時には、「誰かに相談する」ということが大切です。信頼できる人、そのことについて詳しい人、すぐれた知識と経験を持っている人に相談してみるのです。人から受ける「こうする方法がある。こうするのが賢明だ」というアドバイスがヒントになって、問題を解決することができることもあります。

ただし、ここで、注意することが一つあります。

それは、「たくさんの人のアドバイスを聞くうちに、頭の中がこんがらがってしまって、何をどうすればいいのかわからなくなってしまう」ということが、よくあるからです。

というのも、人それぞれ言うことが違っている場合もあるからです。

ある人は、「右に行ったほうがいい」と言うかもしれませんが、またある人は「左に行くほうが賢い」とアドバイスしてくれるかもしれません。

また、ある人は「前に進むべきだ」と言うかもしれませんが、またある人は「ここはいったん後退すべきだ」と忠告してくるかもしれません。

そんな色々な意見を聞いていくうちに、「誰の意見に従えばいいのか？　いったいどうすればいいのか？」ということがわからなくなってしまうのです。

そして、頭の中を整理できないまま、誤った行動をしてしまうことになるかもしれないのです。

従って、色々な人の意見を聞いてから、一人になって、その多様な意見を整理し、自分なりに「何をどうすればいいか」ということを決断する、ということが大切です。

人の意見を聞きながらも、最終的には「一人で考えて、一人で判断する」ということが重要なのです。

この「一人で考えて、一人で判断する」ということを忘れてしまったら、誤った行動をしてしまうことになりかねません。

6 「鏡を見る」ことで結論を導き出す

アメリカのある投資家が興味深いことを述べています。

どうすればいいのかわからない、何か迷うような問題が生じた時、その人は、「人に相談しようと思った時、私は鏡を見る」というのです。

この言葉のポイントは、「鏡を見る」というところにあります。

これは、「自分自身と向き合い、自分自身の心に問いかけてみる」ということを意味しているのでしょう。

もちろん、人に相談することは大切なのです。

人のアドバイスが、いいヒントになる場合も多いからです。

しかし、最終判断を下すのは自分なのです。

その最終判断を下す前には、自分と向き合う必要があります。

「自分としては、どうしたいのか」と自分に問いかけ、そして自分で最終的な判断を下す、ということが大切なのです。

そのような「孤独な作業」を経ることなく、他人から言われるままに判断し行動したとしたら、失敗した場合、恐らく、後悔することになると思います。

しかし、一方で、最終的に自分自身で「こうするんだ」と判断し行動したことならば、たとえその結果がうまくいかないものであっても、後悔することはないと思います。

うまくいかなかった結果を素直に受け入れて、そこから多くのことを学び、そして次のチャレンジに生かしていくことができるでしょう。

従って、たくさんの人たちに相談しても、最終的には「鏡を見る」ということを忘れてはいけないと思います。

それは、孤独の中で自分自身と向き合い、そして自分が「もっとも良い」と感じる結論を導き出す、という作業です。

それが、「最良の結論」を出すコツにもなります。

7 ひとりになって、「メタ認知能力」を高める

人間には、様々なネガティブな感情があります。

不安、怖れ、心配、怒り、いら立ち、といった感情です。

特に、今後の成り行きを決定するような重要な場面に立たされた時は、往々にして、そのようなネガティブな感情が心の中に渦《うず》巻《ま》くものです。

しかし、そのようなネガティブな感情に振り回されている状態では、的確な判断、的確な行動を取るのが難しくなります。

大きな間違いをして、みずから自分を窮地へ追いやってしまうことになりがちなのです。

従って、大きな決断をして行動する時には、不安や怖れといったネガティブな感情を捨て去って、純粋な理性だけで物事を考える環境を作る必要があるのです。

そして、そのような環境を作るために役立つのが「孤独になる」「一人になる」という

ことです。

心理学に「メタ認知能力」という言葉があります。

この「メタ認知能力」とは、「自分自身の気持ちや性格、あるいは自分が今置かれている状況を、少し離れた地点から客観的に、冷静に判断できる能力」のことを言います。

このメタ認知能力が高い人ほど、不安や怖れといったネガティブな感情に振り回されることなく、正しい判断と行動ができると言われています。

では、このメタ認知能力を高めるためにはどうすればいいかと言うと、それは「一人になる」ということなのです。

一人になって、静かに自分自身に向き合い、そして自分自身に色々なことを問いかけてみます。

そうすることで、メタ認知能力が高まり、そしてネガティブな感情が消え去って、冷静な理性の働きが高まるのです。

8 自問自答することで、メタ認知能力が高まる

「私は心配症なので、余計なことまで心配しては、いつも失敗してばかりいる。こんな自分の性格を変えたい」

「怒りっぽい性格で、怒りにかられて行動し、後で自分が手痛い目にあうことが多い。怒りをしずめる方法を知りたい」

と言う人がいます。

そのようなネガティブな感情に惑わされることなく、物事を冷静に客観的に判断し行動できる人間になるための方法として、心理学で言う「メタ認知能力」を高めるということが挙げられます。

では、どのようにして、このメタ認知能力を高めるのかといえば、その方法の一つに「一人になって、自問自答する」ということがあります。

一人で静かに自分自身に向き合える環境に身を置きます。そして、

「なぜ、うまくいかないのか」

「どこに問題があるのか」

「どうすれば良いのか」

「今、何ができるのか」

「何か参考にできるものはないか」

「過去にも、同じようなことを経験したことはなかったか」

といったことを自分に問いかけていくのです。

このように「一人で自問自答する」ということを日常的に行っていくことで、メタ認知能力が高まっていくのです。

そうなれば、心配や怒りといったネガティブな感情に振り回されることなく、いつも冷静に判断や行動をしていける自分が作り上げられていきます。

つまり、自問自答するという「孤独な作業」によって、自分という人間が強くなっていく、ということです。

9 自分に「できること」「できないこと」を見分ける

失敗する大きな原因の一つに、「自分の能力を過大評価してしまう」ということが挙げられます。

「いいところを見せたい」という虚栄心や、「他人に負けたくない」という過剰な競争心から、今の自分の能力では到底不可能なことにチャレンジしようとするのです。

その結果、当然のことながら、大失敗することになります。

いいところを見せるどころか恥をかくことになり、ライバルに勝つどころか、ライバルに差をつけられてしまうことになります。

このようにならないためにも、心理学で言う「メタ認知能力」を高める必要があるのです。

メタ認知能力が高い人は、自分が持っている能力を客観的に、冷静に判断することができます。

ですから、「自分にできること」と「自分にできないこと」を明確に分けて考えることができるのです。

従って、無謀《むぼう》なことはしません。大きな夢を持つことはあっても、自分にはとてもできないことにチャレンジして、大失敗して恥をかくということはありません。

自分にできることを着実にこなしていきます。

そして、一歩ずつレベルアップしていくのです。

ここで大切なのは、「一人になって、自分自身に向かい合う」ということです。

一人になることで、「他人にいいところを見せたい」「他人に負けたくない」といった余計なことを考えないで済みます。

他人の存在に惑わされることなく、素直な気持ちで自分に向かい合うことができるのです。

その結果、着実にレベルアップしていくことができます。

10 「離見の見」によって、ありのままの姿を見る

伝統芸能の一つである能《のう》の世界に、「離見《りけん》の見《けん》」という言葉があります。

この言葉にある「離見」には、「視点を離してみる」という意味があります。

つまり、「視点を少し離してみて、離れたところから自分自身を見ることが大切だ」ということを意味しているのです。

たとえば、「舞台にいる時、観客席からどのように見えているか」ということをイメージしてみるのです。

そうすることで自分を客観的に見ることができ、それが芸の上達につながっていく、ということなのです。

この、能の世界でいう「離見の見」は、心理学でいう「メタ認知能力」と相通じる意味があるように思います。

「メタ認知能力」も、また、「少し離れた視点から、自分を客観的に見る」ことであるからです。

「どうすれば、今よりももっとよく生きていけるか」を考えることであるからです。

能で言う「離見の見」は基本的には芸能の上達のために用いられる言葉なのですが、一般の人の「生き方」にも応用できる考え方だと思います。

時々、一人になって、自分の人生について「離見の見」を行ってみるのです。

すなわち、少し離れた視点から、自分の人生について客観的に考えてみるのです。

そうすることによってさまざまな発見があると思います。

今まで気づかなかったことに、気づくことができると思います。

それは、今の自分のありのままの姿を発見することであり、また同時に、これからの自分の可能性を発見することでもあると思います。

孤独な時間が、そのような発見をもたらしてくれるのです。

6章

〝ひとりの時間〟がある方が、人間関係はうまくいく

1 「人を思いやる気持ち」が生まれてくる

一人でいる時間の中で、人は、自分自身のことについてより深く考えるようになります。その結果、自分自身の人生をより良いものにするためのヒントを得ることができるのです。

しかし、そればかりではありません。

人は、一人でいる時間の中で、「他人のことを考える」のです。

身近な人のことを思い浮かべながら、

「楽しそうなコンサートがある。あの人をコンサートに誘ったら、きっと喜んでくれるだろうな」

「あの人が仕事で行き詰まっている様子だった。私にできることがあれば、何かしてあげよう」

「あの人が、病気で入院していると聞いた。今度、時間を見つけて、お見舞いに行ってあげよう」

といったようにです。

実は、身近な人と一緒にいる時には、相手に対して、このような思いやりの気持ちはなかなか生まれてこないものなのです。

このような「人を思いやる、やさしい気持ち」は、自分が一人でいる時に思い浮かんでくるのです。

そういう意味で言えば、一人の時間を大切にできる人は、人への愛情や思いやりにあふれた人といえます。

そして、家族とも、仕事の関係者とも、また友人とも、良い人間関係を育んでいける人なのです。

人間関係を大切にするコツも、実は「一人の時間」にあるのです。

2 「昔の友だち」を思い出す

一人でいると、急に、昔の友人のことを思い出すことがあります。

小学校の幼なじみ、中学校、高校でのクラスメート、あるいは大学時代の学友などです。

「あの人とはしばらく会っていないなあ。今、何をしているのだろう」などと懐《なつか》しく思い出されるのです。

そして、「連絡を取って、あの人に会ってみよう」という気持ちにもなります。

そのように昔の友人のことを思い出させてくれることも一人でいることの貴重なメリットになると思います。

時々、学生時代の友人に会うことは良いものです。

昔は、あまりパッとしていなかった人が、何年かぶりで会うと、見違えるような立派な人に変貌《へんぼう》していることもあります。

その人の話を聞くと、仕事で大活躍をして、かなり出世していたりします。家庭生活も、とても充実している様子なのです。

そんな昔の友人に会うと、影響を受けて、「私も負けていられない。私もがんばろう」という気持ちにさせられるものです。

また、昔の友人と会って楽しく語らうことは、とてもいい気分転換になります。昔の友人とは、気を遣うことなく、ありのままに何でも話せるので、気持ちが清々しくなるのです。

心に溜まっていたストレスなど一気に吹き飛んでしまうのです。

忙しくしていると、そんな昔の友人のことを思い出す余裕などありません。

一人になって、あれこれ物思いにふける時間があってこそ、昔の友人のことを思い出す心のゆとりが生まれるのです。

その意味でも、時々、一人の時間、孤独な時間を作ることが大切です。

3 どんなことがあっても「いい友」でいられる人を持つ

古代中国の思想家である孔子《こうし》（紀元前6〜5世紀）は、

「朋《とも》あり遠方より来《きた》る。また楽しからずや」

と述べました。

「昔の友人がはるばる訪ねてきてくれた。これほど、うれしく、また、楽しいことはない」

という意味です。

確かに、孔子が言う通り、昔の友人に会うことは、現代人にとっても、うれしく楽しいことなのです。

また、孔子は、

「故旧《こきゅう》は、大故《たいこ》なければ、則《すなわ》ち棄《す》てず」

と述べました。

この言葉にある「故旧」は、「昔からの古い友だち」のことです。

「大故なければ」とは、「よほどのことがない限り」という意味です。

「則ち棄てず」とは、「関係を解消したりしない」ということです。

つまり、孔子は、「昔からの古い友だちというものは、よほどのことがない限り、友人関係を解消したりしない」と述べているのです。

ちょっとした揉め事があっただけで、友人のもとから去って行ってしまう人がいます。

「金の切れ目が、縁の切れ目」とばかりに、友人とつき合っていても何の利益にもならないと判断したとたん、友人の前から消えていなくなってしまう人もいます。

しかし、昔からの古い友だちというものは、相手に多少迷惑をかけることがあっても、自分が落ちぶれてしまうことがあっても、ずっと「いい友だち」でいてくれます。

だからこそ、昔の友だちは、ありがたい存在なのです。

そんな昔の友だちのことを懐かしく思い出すためにも、時々、一人になって物思いにふける必要があると思います。

4 心が愛で満たされていく

哲学者の三《み》木《き》清《きよし》（19～20世紀）は、「孤独は内に閉じこもることではない」と述べました。

「孤独になる」「一人になる」ということは、「自分の殻の中に閉じこもってしまう」ということではありません。

孤独になると、様々な人の顔が浮かんできます。

たとえば、それは、愛する人の顔です。

お世話になっている人の顔です。

恩人の顔です。

また、昔の、懐かしい友だちの顔が浮かんできます。

すると、自分自身が、うれしい気持ちになっていきます。

とても満ち足りた気持ちになっていくのです。

そのように、自分にとって大切な人たちへ向かって自分の気持ちが解放されていくのですから、孤独は決して「内に閉じこもることではない」のです。

ですから、孤独になることを、寂しいと思うことはありません。

孤独になることを怖れたり、避けたりする必要はないのです。

むしろ、みずから積極的に、日常生活の中に「孤独な時間」「一人の時間」を作っていくほうがいいと思います。

孤独になることでむしろ、「私は一人ではない。色々な人たちに支えられて生きている」ということに改めて気づくことができるのです。

また、「私は多くの人たちから愛されている。大きな愛に包まれながら、私は生きている」ということを、改めて理解できるようになるのです。

そして、そのような人たちに、心から感謝する気持ちが生まれてきます。

そういう意味で言えば、孤独な時間というものは、その人にとって、とても貴重なものでもあるのです。

5 孤独の寂しさがあるからこそ、純真な愛が生まれる

ドイツ出身のアメリカの社会心理学者であり、哲学者でもあったエーリヒ・フロムは、「愛とは、孤独な人間が孤独を癒《いや》そうとする営みであり、愛こそが現実の社会生活の中で、より幸福に生きるための最高の技術である」と述べました。

孤独である時、人は寂しさを感じます。それは人間の自然な感情です。

そして、寂しさを感じるからこそ、それを癒したいという気持ちが生まれます。

寂しさを癒すために、「愛する人」のことを思います。

それは、恋人でもあるでしょう。

また、夫や妻でもあるでしょう。

また、子供のことでもあると思います。

そんな「愛する人」のことを思いながら、「愛する人のために、もっとやさしくしてあ

げたい」と思います。

そして、そのような人を愛する心を持つことが、「現実の社会生活の中で、より幸福に生きるための最高の技術である」と、エーリヒ・フロムは述べているのです。

そういう意味では、「孤独な時間」を持つことは、人生において非常に大切なことであることがわかってきます。

人は孤独であるからこそ、愛することの大切さを理解できるのです。

孤独だからこそ、「愛する人をもっと幸せにしてあげたい」という気持ちがさらに強くなっていくのです。

人を愛する心の根本のところには、「孤独の寂しさ」があるのです。

そういう意味から言えば、孤独を大切に思うことで、愛する人を大切に思う気持ちも一層大きく豊かなものになっていきます。

孤独の寂しさが、純真で、強い愛情を育みます。

そして、純粋な幸福を作りあげていくのです。

6 人とのいい距離感を保っている人は、振り回されない

アメリカの心理学の研究では、「一人の時間を大切にしている人」ほど、人間関係が上手い、ということがわかっています。

ここでいう「人間関係が上手い」とは、「人との距離の取り方が上手い」ということを意味しています。

一人の時間を大切にしている人は、自分の価値観をしっかりと持っている人が多いようです。

そして、自分がやるべきことをしっかりと理解しています。

ですから、人に振り回されて、自分を見失うということはあまりないのです。

たとえば、会社の同僚に、とてもわがままな人がいたとします。

自分勝手な頼み事を色々としてきます。

しかし、「一人の時間を大切にしている人」は、そのようなわがままな人に振り回されることはありません。

そのような相手とは、少し距離を開けてつき合っていくようにします。

そのことで、「あなたは冷たい人間だ」と嫌味を言われることがあっても、あまり気にしません。

それは、「一人の時間を大切にしている人」には、自分の価値観、自分がやるべきことがしっかりとわかっているからなのです。

一方で、一人の時間がない人、いつも人と群《む》れている人は、そのような自分の価値観というものを持ちにくいのです。

そういうタイプの人は、「人に嫌われたくない。人から好かれたい」という気持ちだけが強くあります。

そのために、人にベタベタとくっつきすぎてしまい、結局は、人に振り回されてばかりになりがちです。

それは決して、人とのいいつき合い方とは言えないと思います。

7 85パーセントの夫婦が、「ひとりの時間がほしい」と考えている

結婚する前は、男性も女性も、「あの人と二十四時間、ずっと一緒にいたい。一時も離れたくない」と思います。

それは、それだけ愛し合っている証拠なのでしょう。

しかし、興味深いことに、結婚している男女にアンケートをすると、約八五パーセントの人が「相手から離れて、一人の時間がほしい」と答えたと言います。

また、一人の時間を作って何がしたいかと言えば、「一人きりで本が読みたい」「誰にもジャマされずに、趣味に熱中したい」「一人で勉強をしたい」というものが多かったと言います。

いくら好きな相手であっても、いつも一緒にいると色々とストレスが溜まってくるものなのでしょう。

どんなに愛している相手であっても、ずっと一緒だと相手の存在がうっとうしく感じてくるものなのです。

うっとうしく思う気持ちを我慢して、相手と一緒にいようとすれば、欲求不満が溜まって、ささいなことでケンカを繰り返すようにもなります。

それは、お互いの関係のために良くないことだと思います。

従って、ずっと仲良くつき合っていくためには、お互いに「一人の時間を作る」ということが大切になってきます。

また、お互いに、相手が一人ですごす時間を尊重してあげることも大切です。

一人の時間があるからこそ、相手と一緒にいる時間が新鮮に感じられます。

「相手と一緒にすごす時間を大切にしたい」という気持ちも生まれてくるのです。

夫婦円満の秘訣《ひけつ》は、「一人の時間」にあると思います。

8 相手の「ひとりの時間」に干渉しない

アメリカの小説家に、アーネスト・ヘミングウェイ（19～20世紀）がいます。

代表作である『老人と海』でノーベル文学賞を受賞した作家です。

このヘミングウェイは、「男はしばしば一人になりたいと思う。女も一人になりたいと思う。そして、その二人が愛し合っている時は、相手の『一人になりたい』という思いに対して、お互いに嫉妬《しっと》するものだ」と述べました。

たとえば、自分には「一人になりたい」という思いがあって一人で映画を見に行ったり、一人で旅行に出かけたとします。

当然、相手も同じように「一人になりたい」と思うでしょう。

そして、「一人で散歩に行ってくる」「一人で美術館に行ってくる」などと言い出すと思います。

しかし、相手のそのような行動に対しては、人は寛容な気持ちになれない場合も多いようです。

特に、「愛し合っている相手」に対してはそうなのです。

そして、相手にある種の嫉妬心のようなものを感じてしまいます。

そのために、「どうして一人で行くのよ。私が一緒じゃ嫌なの」と、余計なことを言ってしまいがちです。

その結果、二人の関係がおかしくなってしまうこともあります。

そういう意味のことを、ヘミングウェイは言っているのです。

愛し合う二人が仲良くつき合っていくために大切なことは、自分自身も一人の時間を持つようにすることが大切ですが、相手の「一人になりたい」という気持ちも尊重してあげることが重要です。

そして、相手が一人ですごす時間に、干渉するようなことを言ったりしないことが大切です。

9

「ひとりの時間が好き」という人は、精神的に自立している

次のように言う人がいます。

「私は、一人の時間が好きだ。一人になれる時間を大切にしていきたい。こんな私は結婚できるのだろうか。結婚生活をうまくやっていけるのだろうか」と。

このような不安を感じている人は、他にもいるかもしれません。

このように言う人は、恐らく、「結婚したら、一人の時間がなくなってしまう」と考えていると思います。

一方で、それでも無理に一人の時間を作ろうとすれば、相手に誤解されるのではないか、相手から嫌われてしまうのではないか、ということを怖れていると思います。

しかし、そういうことを不安に思ったり、怖れたりすることはないのです。

結婚してからも「一人の時間」を持つことは可能なのです。

むしろ、夫婦がお互いに「一人の時間」を持つほうが、夫婦関係はうまくいくようです。

従って、大切なことは、結婚する相手と「お互いに、一人の時間を大切にしていこう」ということをよく話し合っておくことだと思います。

相手も、きっと、「一人の時間」を求めているはずです。

ですから、「一人の時間を大切にしていこう」という、こちらからの提案に賛同してくれると思います。

「一人の時間が好きだ」という人は、基本的に、自分の価値観をしっかり持ち、また、精神的に自立している人だと思います。

それぞれお互いに、しっかりした価値観を持ち、精神的に自立しているからこそ、夫婦関係がうまくいくのです。

そういう意味でも、お互いに「一人の時間」を大切にし合える夫婦関係のほうがいいのではないでしょうか。

10 孤独の中に身を置いて、寂しさを癒す

「傷心《しょうしん》旅行」という言葉があります。

失恋や、あるいは結婚生活の破局を経験した人が、その傷ついた心を癒《いや》すためにする旅行のことを言います。

傷心旅行は、たいていは、一人旅です。

つまり、「一人でいること」によって、心が癒されていくのです。

このようなケースでは、友人などに慰められたり、励まされたりすると、かえって心の傷が深まってしまうことがあるのです。

ですから、知り合いが誰もいない場所を旅行して、一人きりでいるほうが精神的に楽なことも多いのです。

孤独でいるほうが、かえって、心が癒されていくからです。

また、一人になることによって、失恋や、結婚生活の破局という運命を、少し離れた視点から客観的に考えることができます。

そうすることで、「これをいい経験にして、人間的にもっと成長していこう」と、割り切って考えることもできるようになるのです。

一方で、「失恋後の、あるいは離婚後の孤独感に耐えられない」という人がいるのも事実です。

そういう人は、ある意味、孤独というものの中に自身を置いていないのではないでしょうか。

失恋後の寂しさ、離婚後の孤独感を紛らわすために、無理をして多くの人たちの中に身をおいて明るく振る舞っているのではないでしょうか。

そういうことをすると、かえって、寂しさや、孤独感が心に重くのしかかってきて、辛い気持ちが増してしまう場合もあるのです。

従って、孤独の中に静かに身を置くほうが、寂しさや孤独感から逃れられることもあります。

7章

〝ひとりの時間〟を有効に生かすコツ

1 「孤独な環境」を有効に使って、集中力を上げる

「孤独な時間」「一人の時間」を持つことには、様々なメリットがあります。

たとえば、「集中力が高まる」「記憶力が増す」ということが挙げられます。

子供の頃、学校の試験の前に、誰かの家に集まって、何人かの友だちと一緒に勉強した、という経験がある人もいると思います。

「一人ではやる気にならない。友だちと一緒に勉強するほうが、勉強がはかどるのではないか」という考えから、友だち同士で集まるのです。

確かに、刺激を受けるので、勉強をするきっかけとしてはいいかもしれません。

しかし、集中して勉強し、そして集中して暗記していくためには、友人と別れた後「一人で勉強する」ほうがいいと思います。

社会人も、「集中して仕事をしたい」という時があると思います。

あるいは、「資格試験の勉強を集中してしたい」ということがあると思います。

そういう時も、「孤独な環境」「一人の環境」を作ることが良いでしょう。

ある人は、集中したい時は、カフェに行くと言います。

カフェにいれば、会社にいる時とは違って、電話がかかってくることはありません。

もちろん、携帯電話の電源も切っておくのです。

また、同僚や上司から声をかけられることもありません。

カフェには、もちろんたくさんの人がいるのですが、知らない人ばかりです。

声をかけられる心配はありません。

「孤独な環境」を作れるのです。

ですから、カフェで、集中して書類を読んだり、仕事の計画を立てたりすることができます。

仕事帰りに図書館に立ち寄って、資格試験の勉強をする、という人もいます。

図書館には、やはり仕事の関係者も、家族もいませんから、「一人の環境」を作れます。

そのため集中して勉強ができるのです。

2 移動時間を活用する

「新幹線や飛行機を使って、日本国中を仕事で移動している」という人もいると思います。
国内ばかりではなく、海外へもしょっちゅう出張する、という人もいるかもしれません。
そのような出張での「移動時間」というものは、とてもいい「孤独な時間」「一人の時間」になるのです。

新幹線や飛行機に乗っている間は、あまり電話が入ることはありません。

余計なことで、誰かに話しかけられることもありません。

ですから、その時間帯は、「一人で自分のことに専念できる時間」になるのです。

実際、新幹線や飛行機では、「集中して仕事ができる。だから仕事がはかどる」と言う人もいます。


仕事の書類などを持ち込んで、新幹線や飛行機の座席で仕事をするのです。

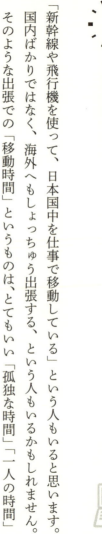

何か新しい仕事のアイディアをまとめなければならない時も、座席でノートに思いつくことを書き出しながらまとめていきます。

一方で、仕事で心身にストレスが溜まっている時は、その移動時間の中で、上手にストレスを解消することもできます。

やはり新幹線や飛行機の座席で、誰にもジャマされることなく、好きな本を読むこともできます。

ヘッドフォンで音楽を楽しむこともできます。

外の景色を眺めながら、瞑想にふけることもできます。

心身の疲労が激しい時には、睡眠の時間にしてもいいでしょう。

このように新幹線や飛行機の中では、人の目を気にすることなく、思う存分一人の時間を楽しんでリラックスすることができるのです。

3 一時間早く出社して、誰もいない職場で仕事に集中する

ある人は、「始業時間よりも一時間早く会社に行く」という習慣を持っています。

その時間帯、職場にはまだ誰も来てはいません。

ですから、一人で、集中して仕事ができるのです。

その日の大切な仕事は、始業時間までに目途《めど》をつけておきます。

また、スタートダッシュがいいためか、その日一日の仕事がスムーズに運んでいく、というメリットもあります。

そのおかげでその人は毎日、残業せずに退社することができます。

また、自宅で休養する時間も十分に取れて、翌日はまた新鮮な気持ちで仕事に立ち向かっていくことができるのです。

そういう意味で、始業前の一時間が、その人にとってはとても貴重な「一人の時間」に

なっているのです。

「わざわざ早起きして、始業の一時間も前に行きたくない」と言う人もいると思います。

もちろん、そういう人に強制するものではありませんが、これは「会社で一人で仕事に集中する」という一つの方法なのです。

就業時間中には、周りの人たちから話しかけられたり、電話がかかってきたりして、自分の仕事になかなか集中できない、という状況が生まれがちです。

そのために、結局は残業をしなければ自分の仕事を終わらせることができない、という日が続くことにもなっていきます。

そのような現況を変えたいと思うのであれば、その方法の一つとして、「朝早い職場で、一人で仕事に集中する」という方法を検討してもいいと思います。

朝がつらい人は十分でも二十分でもいいと思います。

また、毎日朝早くに出勤するのではなく、ちょっと集中してやりたい仕事がある時だけ朝早くに出勤する、という方法もあると思います。

4 テレワークを利用して、自宅で仕事をする

最近、「テレワーク」という言葉をよく聞くようになりました。

会社に出社するのではなく、パソコンなどの通信機器を利用して、自宅で仕事をする就業形態です。

最近、このテレワークという制度を取り入れている会社が増えてきていると言います。

自宅ですから、もちろん一人です。

家族がいるかもしれませんが、部屋に閉じこもれば一人です。周りに同僚や上司はいません。

フリーランスの人は以前から基本的に自宅で一人で仕事をしてきた人が多かったのですが、このテレワークの普及によって、最近ビジネスマンも自宅で一人で仕事をする人が多くなってきているのです。

もちろん会議があったり、取引先との商談などがある時は出社しなければならないのですが、そういう特別な要件がない時にはパソコンを使って自宅で仕事をするのです。

一人で仕事をすることのメリットは、「自分のペースで進めていける」という点にあります。

職場で働いていると、上司から「まだ終わらないのか」と文句を言われたり、同僚から余計なことで話しかけられて集中力を乱されることもあるものです。

しかし、自宅で一人で仕事をしている時には、そのような心配はありません。

その結果、精神的なストレスが軽減されます。

通勤の満員電車に乗るストレスもありません。

ストレスなく、自分のペースでスイスイ仕事ができるので、かえって会社で働くよりも、仕事が効率的に運ぶこともあるようです。

そういう意味では、もし会社にテレワークの制度があるならば、自宅で一人で仕事をする機会を増やしてもいいかもしれません。

5 上手に気持ちを切り替えるには、ひとりになるのがいい

何か嫌なことがあって、ムシャクシャしてしょうがない、という時があります。

そのムシャクシャした気持ちをどこかで解消しなければ、次のことに向かって新鮮な気持ちで立ち向かっていくことができません。

しかし、なかなか上手に気持ちを切り替えることができず、いつまでもムシャクシャした気持ちから抜け出すことができない人もいます。

そういう時は、「一人になる」ということが有効な手段になります。

仕事でムシャクシャすることがあった時は、とりあえず、その仕事から離れて一人になってみます。

仕事中に職場から勝手に抜け出すことはできないと思いますが、たとえばお昼休みなどには職場から離れて一人になることはできるでしょう。

近くのレストランへ一人でランチに行くのもいいでしょう。

食後に、近くの公園を一人で散歩するのもいいと思います。

仕事が終わってからも、ムシャクシャした気持ちを引きずっている時には、同僚たちから遊びに誘われても断って、一人の時間を作るのがいいと思います。

会社帰りに、一人で図書館や書店に立ち寄るのもいいでしょう。

スポーツクラブに立ち寄って、一人で汗を流すのもいいと思います。

一人になると、その孤独感の中で、人は冷静になれます。落ち着いた気持ちで物事を考えられるようになります。

いわば、理性を取り戻すことができるのです。

その結果、「こんなこと、大したことじゃない」ということに気づきます。

「こんな小さなことで悩んでいるよりも、私には果たさなければならない大きな仕事がある」ということに気づきます。

そうすることで、上手に気持ちを切り替えられるのです。

つまり、孤独の中で、新鮮な気持ちを取り戻すことができるのです。

6 次の仕事へ向かって、上手に気持ちを切り替える

一つの仕事を終えて、他の仕事に移る、という時があります。

たとえば、A社へ提出する企画書を書き上げてから、次に、上司へ出す報告書をまとめる、といったケースです。

こういう場合、次の仕事へ向けて、すぐに頭を切り替えることができればいいのですが、そう簡単にいかないことも多いと思います。

A社へ提出する企画書についてあれこれ考えてしまって、上司へ出す報告書に集中できない、といったことになりがちです。

会社では、いくつかの仕事を同時並行で進める、という場合が多いと思います。

ですから、一日の中で、この仕事から次の仕事へと、内容を変えていかなければならなくなります。

しかし、人間の頭脳や意識というものは、それほど上手に切り替えができないものなのです。

しかし、この頭脳や意識を上手に切り替える方法もあります。

それは、ある仕事からもう一つの仕事へ移る間に「一人の時間」を入れる、ということなのです。

ほんの短い時間でいいのです。たとえば、屋上に行って、一人の時間を作る、というのもいいと思います。

ちょっと休憩室へ行って、一人でお茶を飲む、というのもいいでしょう。

そのように「一人の時間」を作ることによって、気持ちのケジメがつくのです。

「この仕事はもう終わりだ。さあ、次の仕事へ向けてがんばろう」と、いい意味で、気持ちにケジメをつけられるのです。

このように頭脳と意識をリセットできるのも、ちょっとした「一人の時間」を持つということのメリットの一つでもあるのです。

従って、「一人の時間」を有効に、また賢く使っていくことが大切です。

7 こんがらがった頭を整理する

ある仕事を進めている時に、取引先などから突発的な仕事が舞い込んでくることもあります。

「急なことで申し訳ありませんが、こういうことをお願いできませんか。あなたにしかお願いできないもので」といったようにです。

また、上司の指示が途中で変わってしまうこともあります。

たとえば、「あの仕事、中断してくれと言ったが、やっぱり進めておいてくれないか」といったようにです。

その度に、「頭がこんがらがってしまって、いったい何を最優先にして仕事を進めていかなければならないか、わからない」といった状態になってしまいがちです。

それでなくても、以前からの片づけなければ仕事が、他にもたくさんあるからです。

しかし、どのような状況の変化があっても、臨機応変に、柔軟に対応していくのが「仕事ができる人」の条件の一つだと思います。

ただ、変化に柔軟に対応するには、一つのコツがあるのです。

それは、慌てて仕事を片づけようと思うのではなく、「一人の時間を作って、こんがらがった頭の中を整理する」ということです。

一人になると、冷静になれます。

物事を理性的に整理していくことができるようになるのです。

ですから、使っていないミーティングルームを利用したりするなどして、一人になって、冷静な心で、「やるべきことには何があるか」「最優先にしなければならないことは何か」「とりあえず後回しにできる仕事は何か」といったことを整理してまとめていくのです。

そうすることによって、混乱することなく、その後、効率的に仕事を進めていくことができるようになります。

8 「ひとりになってよく考えてみたら〜」ということがありませんか？

仕事を成功に導くために「情報」は大きな武器になります。

いい情報があれば、それだけ成功のチャンスは大きくなります。

そういう意味で、仕事に取りかかる時は、「できるだけ多くの情報を集める」という人もいると思います。

ただし、ここで問題もあるのです。

現代は情報化社会です。

集めようと思えば、本当にたくさんの情報が集まってきます。

時には、多すぎるほどの情報が集まってくるのです。

そのために、頭の中を整理できなくなって、かえって「いったい、どうすればいいのかわからなくなる」といった状況にもなりかねないのです。

もちろん、情報を集めることは悪いことではありません。

大切なのは、それと同時に、情報を整理する能力も高めておかなければならない、ということなのです。

ここでも、「一人になる」ということが必要です。

ある程度、情報が集まってきた段階で、一人になってそれらの情報を整理してみるのです。

一人になると、物事を客観的にとらえる能力が高まります。

ですから、どれが本当に役立つ情報なのか、どれがあまり役立たない情報なのか、という見分けがつくようになるのです。

人は、よく、人に対して「一人になってよく考えてみたら～」という言葉を口にします。

周りに人がいる状況では、その場の雰囲気で間違った判断をしてしまいがちです。

しかし、一人になってよく考えてみると、その間違いに気づくのです。

これも「一人になる」ということで、人は客観的に、理性的に物事を考えられるようになる、という証なのです。

9 いいアイディアは「孤独な時」にやってくる

企画会議などで、大勢で頭を突き合わせて討論しても、「いいアイディア」というものはなかなか出てこないものです。

今までなかったような、ユニークで、しかも大きな成果をもたらすようなアイディアは「話し合い」の中からは生まれてきにくいのです。

大勢の人と話し合って物事を決めようとすると、どうしても、平均的で無難なアイディアしか出てこない可能性があります。

そういう意味で言えば、画期的な、いいアイディアを得たいのであれば「一人で考える」ほうがいいと思います。

アメリカの発明王であるトーマス・エジソン（19～20世紀）は、「最高の思考は孤独のうちになされ、最低の思考は騒動のうちになされる」と述べました。

この言葉にある「最高の思考は孤独のうちになされる」とは、言い換えれば、「一人でいると思考の働きが活性化して、『これだ』と思うようなすばらしいアイディアを思いつくことができる」ということを言い表していると思います。

一方で、「最低の思考は騒動のうちになされる」とは、「大勢でワイワイ話し合うような状況では、面白みのない、平凡なアイディアしか出てこないものだ」ということではないでしょうか。

エジソンは、「個性的でユニークなアイディアを得るためには『孤独になること』『一人になること』が必要だ」ということを指摘していると思います。

ある経営者は、「何かいいアイディアはないか」ということに思い悩んだ時は、ホテルに部屋を取って、そこで一人きりになって考える、と言います。

やはりこの人も、「一人になることで、思考力が活性化する」と考えているのです。

ホテルに部屋を取らなくても、たとえば、会社の帰りに一人で街をブラブラ歩き回ってみる、ということでもいいと思います。

その途中に、いいアイディアが思い浮かんでくるかもしれません。

8章

〝ひとりの時間〟が、最高の癒しになる

1 「ひとりの時間」を持つことで、心が元気になる

日常生活の中に、上手に「一人の時間」を取り入れている人は、うつ状態になりにくい、ということが知られています。

一人でいる時は、もちろん、周りの人たちに気を遣う必要がありません。

周りの人たちから「自分がどう思われているか」ということを気にすることもありません。

従って、非常にリラックスできます。

他人の存在や、他人の目を気にすることなく、自分の好きなことができるのです。

それが、とてもいいストレス解消につながります。

特に日本人には、「人間関係で疲れる」と訴える人が多いようです。

おそらく会社の人間関係や、友人同士の人間関係で、周りの人たちに気を遣いすぎて疲

れ果ててしまうのでしょう。

人とつき合っていくことは楽しいことです。有意義なことでもあるでしょう。

しかし、同時に、人づき合いは大きなストレスの原因にもなるのです。

そういう意味では、日常生活の中に「一人の時間」を作る習慣を持つことが大切です。

たとえば、夜は、毎日毎日、電話などで友人と連絡しあうのをやめて、時には一人で自分がしたいことに熱中する時間を作ります。

また、会社や学校に行く前の、朝早い時間に、一人で自分が好きなことをする時間を作るのもいいでしょう。

また、お昼の食事の時間帯にも、たまには、自分一人でランチを取ることにしてもいいと思います。

そのような「一人の時間」が、日頃溜まったストレスを解消し、心を元気にしてくれるのです。

2 「孤独」ほど健康的なストレス解消法はない

アメリカに、ヘーゼルデン財団という組織があります。

アルコールや薬物などの依存症の患者さんたちを治療したり、リハビリを行う施設を運営している組織です。

このヘーゼルデン財団は、出版活動を通して様々な提言をしていることでも知られていますが、その提言の一つに次のようなものがあります。

「どんな人でも、しばらくは孤独になる必要がある。

毎日、何分か一人でいる時間を取るのはいいことだ。

この時間は自分だけの特別な時間である。

リラックスし、元気を回復する時間である」

というものがあります。

アルコールや薬物などの依存症になってしまう原因には、様々なことがあるのですが、その大きな原因の一つは「ストレス」だと言われています。

忙しすぎる仕事や、わずらわしい人間関係によってストレスが溜まっていくと、アルコールなどに頼って「憂《う》さ晴らしをしよう」と考える人もいます。

それが適量であればいいのですが、限度を超えて依存症になってしまう場合もあるのです。

そうならないために、その財団は「一人の時間を持つことが大切」と指摘しているのです。

一人の時間を作って、音楽を聴きながらリラックスしたり、あるいは好きな趣味に熱中したり、本を読んだりすることは、健康的で、とても効果的なストレス解消法になります。ですから、ヘーゼルデン財団は、この提言の中で、「一人になる時間を作る」ということを勧めているのです。

アルコールに依存するのではなく、たとえ、わずかな時間であっても、そのような「一人の時間」を持つことが大切なのです。

3 「心のふるさと」を作り出す

小説家の坂口安吾《さかぐちあんご》（20世紀）は、「孤独は、人間のふるさとだ」と述べました。

生まれ故郷である「ふるさと」に帰った時、「気持ちが落ち着く」「とてもリラックスできる」「本来の自分自身を取り戻せる」という感じを持つ人も多くいると思います。

坂口安吾は、そういう意味で、この言葉の中で「ふるさと」という言葉を使っています。

つまり、坂口安吾は、「孤独になる時、その人は、まるでふるさとに帰ったかのように気持ちが落ち着きリラックスできる。また、自分自身を取り戻すことができる」と述べているのです。

言い換えると、坂口安吾は、この言葉で、「一日の生活の中で、一人の時間を作っていくことが大切だ」ということを言いたいのでしょう。

ある女性は、会社でとても重要な仕事を任されています。

そのために、とても忙しい生活を送っています。平日は恋人とデートする時間もありません。

ですから、休日には恋人と楽しい時間を過ごすことにしています。

しかし、土曜日と日曜日のうち、どちらか一日だけは「自分一人で過ごす日」にしているのです。

一人きりで、リラックスしたり、好きなことをする日です。

一人で書店やカフェをめぐることもあります。

一人で神社やお寺の中を散歩して歩くこともあります。

仕事や、恋人とのつき合いに非常に忙しい日々なのですが、そのような「一人の時間」を作ることで、気持ちが安らぎ、自分自身を取り戻すことができ、彼女は心のバランスのいい生活を送ることができているのです。

坂口安吾の言葉を借りれば、孤独の中で「心のふるさと」を取り戻すことができているからこそ、彼女は充実した生活を送れているのでしょう。

4 心に豊かな栄養を与える

フランスの思想家であるヴォーヴナルグ（18世紀）は、「孤独の精神に対する関係は、食養生《しょくようじょう》の肉体に対する関係に等しい」と述べました。この言葉にある「食養生」とは、「健康を保つために、栄養のバランスの取れた食生活を送ること」を意味します。

そのような食養生は、もちろん、肉体を元気にし、また健康にします。

それと同じように、「『孤独』というものは、精神を元気にし、癒し、そして健康にする」と、ヴォーヴナルグは述べているのです。

つまり、「孤独」の中にも、「食」と同じように、心のためにいい栄養源がたくさん含まれている、ということなのです。

孤独の中にいると、「退屈で、心が枯れ果ててしまう」と考えている人もいるかもしれません。

しかし、そんなことはないのです。

孤独の中で静かにいると、心が癒され、心が豊かになっていくのです。

しかし、そのためには、ちょっとした工夫が必要だと思います。

それは、一つには、「一人で楽しめるものを何か持つ」ということです。

趣味や勉強などです。

古典文学を研究する、という趣味を持ってもいいでしょう。

あるいは、外国語を勉強するのもいいと思います。

スポーツやエクササイズ、音楽に親しむのもいいでしょう。

何かの資格に挑戦するのもいいでしょう。

そのような「一人で楽しめるもの」がある人は、たとえ孤独になっても退屈することはありません。

その孤独は、とても充実したものになるのです。

そして、その孤独は、その人の心を癒し、心を豊かにし、そして心を元気にしてくれるものになるのです。

5 マインドフルネスによって、疲れた心を癒す

様々なストレスで疲れきった心を癒す方法の一つとして、最近、「マインドフルネス」が注目を集めています。

マインドフルネスとは、いわゆる「瞑想《めいそう》」です。

静かな場所に座り、呼吸を整えます。

そして、深い瞑想の中に入っていきます。

その瞑想の中で、心が癒され、ストレスが解消されていくのです。

普通、このマインドフルネスは、それを愛好する何人かの人たちが集まって行うことが多いようです。

しかし、その基本は、「孤独の中で、自分自身と向き合う」というところにあります。

マインドフルネスは、たとえ複数の人たちと一緒に行うとしても、お互いに話をしたり

することはありません。

何もしゃべらず、他人と視線を交わしたりもせず、視線を下げ、あるいは目をつぶって、ひたすら自分の心と向き合うのです。

それは、とても「孤独な作業」なのです。

しかし、その孤独の中で心が癒されたり、人生についての新しい発見をしたり、また、生きていることとの喜びを実感できたりします。

もちろん、マインドフルネスは、自分一人だけで、本当に孤独な環境の中で行うこともできます。

朝、会社に行く前や、夜寝る前に、一人で行うこともできるのです。

毎日忙しく働いて、ストレスが溜まっている人は、自宅で、一人でマインドフルネスを行う習慣を持つのもいいでしょう。

そうすることで、ストレスを溜め込みすぎることなく、いつまでも、すこやかな精神状態で活動していけます。

6 お風呂の中で「ひとりの時間」を十分に楽しむ

もっとも手軽に「一人の時間を楽しむ」方法として挙げられるものは「お風呂」だと思います。

お風呂の良いところは、「体が温まって気持ちがいい」「体が清潔になって清々しい」ということもあるのですが、それに加えて「一人時間を楽しめる」ということもあると思います。

普通の家の浴室というのは、それほど広い空間ではありません。

どちらかというと、「狭い個室」と言っていいでしょう。

しかし、そんな狭い空間に自分を閉じ込めながらも、お風呂に入ると気分が開放的になれます。

どうして、そのような不思議な心理現象が起こるのかと言えば、それはお風呂に入ると

「人から解放されて、やっと一人になれた」という気持ちがしてくるからだと思います。

従って、「気持ちを解放してリラックスする」という意味でも、「お風呂で、一人になる時間」を大切にするといいでしょう。

そういう意味では、「シャワーだけ浴びて、さっさと済ませる」というお風呂の入り方では、一人の時間を十分に活用することはできません。

ある程度長い時間湯船につかって、その間に、あれこれ物思いにふけったり、自分のこれからの人生を考えてこそ、お風呂での一人の時間を十分に生かすことができるのです。

中には、「お風呂に本を持ち込んで、湯船の中で読書をする」という人もいるようです。そこまでいけば、確かに、「お風呂で、一人の時間を十分に楽しんだ」ということになるのでしょう。

ただ、そこまでしなくても、ゆっくり湯船につかる時間が取れれば、それで十分だと思います。

7 「ひとりの時間を楽しむ」という女性が増えてきている

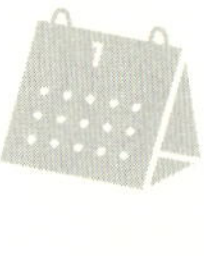

一般的に、女性は、「孤独を楽しむ」というタイプの人は少ないように思われています。

実際に、女性は、「一人でいるよりも、みんなで仲良くワイワイとオシャベリしているほうが楽しい」という人のほうが多いように思います。

確かに、女性にとって、「みんなとオシャベリする」というのは楽しい一時であるのは事実でしょう。

しかし、最近は、「一人の時間を楽しむ」という女性が増えてきていることも事実です。

その背景には、女性の社会進出があると思います。

ビジネスの第一線で働く女性が増えるにつれて、仕事や人間関係のストレスに悩む女性が多くなってきているのです。

そのような女性たちは、「一人の時間」というものを、疲れた心と体を休める場の一つとして有効に使うようになったのです。

ですから、そのような女性たちは、たとえば、会社の帰りに、一人でスパなどに立ち寄って、そこで一人の時間を楽しみます。

また、一人でスポーツクラブに立ち寄って、汗を流してから帰宅する、という女性もいるようです。

一人で映画館に行って、一人で映画を観て帰る、という女性もいます。

また、休日も、「一人でいる時間を持つようにしている」という女性もとても多いようです。

もちろん「みんなで楽しむ時間」を持つことも大切だと思います。

しかし、それと同時に、「一人で楽しむ時間」もまた大切なのです。

これは女性に限らず、仕事や人間関係でストレスを溜めている男性にも言えることなのです。

8 手紙を書いて、心の癒しにする

「一人の時間を作って、家族や友人や知人に手紙を書くことが好きだ」という男性がいます。

連絡を取りたいのであれば、「電話をする」という方法もあります。

もちろん電話で連絡する場合もあるのですが、それよりも、その男性は、「一人で手紙を書くことのほうが好きだ」と言うのです。

手紙を書いている時は、もちろん、相手の声は聞こえません。

もちろん相手と直接会話することができません。

しかし、「一人で手紙を書いている間は、電話で話している時以上に相手と心が通じ合っているように思える」と、彼は言うのです。

また、彼自身、「手紙を書いている一人の時間が、とてもいいリフレッシュの時間になっている」と言います。

確かに、手紙を書くことは「一人の時間」なのですが、書いていることで、ちっとも寂しさを感じないし、むしろ、心が安らかに温まってくるようです。

ですから、彼は、日常生活の中で「一人で手紙を書く時間」をとても大切にしています。

彼は、日中は忙しく働いています。

ですから、あまり一人の時間を取れないのですが、それでも、たとえば、お昼休みに一人でカフェへ行って、手紙を書きます。

仕事帰りに、一人でカフェへ行って手紙を書くこともあります。

そんなふうにして、日常生活の中で工夫しながら「一人で手紙を書く時間」を作っているのです。

一人の時間を充実した癒しの時間にするために、この男性のように「手紙を書く」という方法もあります。

9 心を空っぽにし、しずめる

禅の言葉に、「本来空寂《ほんらいくうじゃく》」というものがあります。「人間とは本来、空寂である」ということです。

では、「空寂」とは何かと言えば、それは「空《むな》しく、寂しいこと」を意味します。

つまり、それは「孤独であること」です。

従って、「本来空寂」とは「人間は本来、孤独なものだ」という意味になります。

ただし、禅では、この「孤独」を決して否定的な意味でとらえているのではありません。「空しい」ということも、「寂しい」ということも、否定的な意味ではないのです。

「空しい」の「空」は「くう」とも読みますが、それは「スカッと晴れわたった空のように、何もない」という意味にも解釈できます。

つまり、「心から余計な雑念が取り払われて、心がスカッと晴れわたっている」ということです。

また、「寂しい」の「寂」は「じゃく」とも読みますが、それには「とても静かである」ということを意味します。

従って、「本来空寂」とは、つけ加えれば、「一人の時間を作り、その孤独の中で、余計な雑念を取り払い、心を空っぽにして、心をしずめることが大切だ」ということを意味しているのです。

そして、その「心が空っぽになり、心が静かになっている状態」こそは、「自分自身の本来の姿」であるということなのです。

10 週末には「一人で過ごす時間」を作る

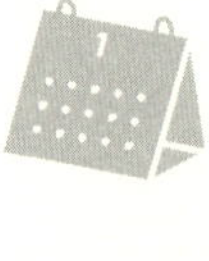

鎌倉時代末期の随筆家、吉田兼好（13〜14世紀）は、「一人でいることを退屈に感じたり、孤独を辛いと思う人は、どういう気持ちなのだろうか。人と群《む》れることなく、一人でいることこそ、この上なく良い気持ちがしてくるものなのだ（意訳）」と述べました。

吉田兼好は、当時の朝廷に仕える神職の家に生まれました。

兼好自身、若い頃は、朝廷に仕えて仕事をしていました。

しかし、朝廷内でのわずらわしい出世争いや人間関係に心身共に疲れ果ててしまい、その後、出家して朝廷を離れて、晩年は山里の庵《いおり》（一人住まいの質素な家）で一人暮らしを始めます。

その孤独な生活の中で、有名な『徒然草《つれづれぐさ》』を書きあげました。

冒頭の言葉も『徒然草』の中にある一説です。

孤独の中で、兼好は、本当の意味での「心の安らぎ」を得ることができたのでしょう。

現代人の中にも、会社などでの出世争いや人間関係などに疲れ果てている人はたくさんいると思います。

そのような人たちにとっても必要なのは、「孤独」ではないかと思います。

必ずしも、兼好のように、出家して一人暮らしを始めるのがいい、というのではありません。

たとえば、「週末には、誰にも会わずに、一人の時間を過ごす」という習慣を持つことが、疲れた心を癒す方法の一つになると思います。

一人旅をする、というのもいいと思います。

行きつけのカフェへ行って、一人で読書をする、というのでもいいでしょう。

そのような一人の時間が、白分を取り戻す大切な時間になります。

11 自分の才能を開花させる

平安時代末期から鎌倉時代にかけての随筆家であり、また歌人だった人物に鴨長明《かものちょうめい》（12〜13世紀）がいます。

彼は、京都の神職の家に生まれました。

そして、神職として、また彼が得意としていた和歌で、当時の朝廷の中で出世することを夢見ていましたが、権力争いの中で埋《うず》もれてしまって夢を叶えることはできませんでした。

そして、出世することをあきらめた長明は、出家をし、京都郊外の山里に小さな庵《いおり》を建てると、そこで隠れるようにして一人で生活を始めます。

その理由の一つには、夢を叶えられなかった心の傷を、孤独な生活の中で癒したかったからだと思います。

もう一つには、世間のしがらみを離れて、自分の自由になる時間を満喫し、その中で文芸的な才能を開花させたかったからだと思います。

事実、彼が本当の意味で活躍し始めるのは、山里の庵で隠居生活を始めてからのことだったのです。

彼は、そこで、有名な『方丈記《ほうじょうき》』を書いたのです。

「出世したい」というのは、多くの人が望むことだと思います。

しかし、残念なことに、すべての人がその希望を叶えられるわけではありません。

中には、長明のように、才能がありながら出世を果たせない人もいます。

現代社会でも、同じようなことがあるのではないでしょうか。

しかし、そこであきらめることはありません。

まさに長明のように、世間を離れた第二の人生の中で、その孤独な生活の中で、才能を開花させ、大きなことを成し遂げて、名声を得ることもできるのです。

孤独の中で開花する才能もあるのです。

9章

人の中にいても、孤独を感じる時がある

1 「すぐれた人」ほど、組織の中で孤立してしまうことがある

時に、人は、会社などの組織の中で孤立してしまうことがあります。

自分としては、「こういう方向に進むことが正しい道だ。この方向で、がんばっていくしかない」と思っていることでも、周りの人たちはまったく理解してくれないこともあります。

それどころか、周りの人たちから、「あの人は、どうして、あんな愚かな考え方をするのだろう」などと悪口を言われてしまうのです。

そのような状況になれば、誰でもが孤独を感じます。

落ち込みますし、悩んだりもします。

しかし、すぐれた能力を持ち、信念と情熱を持って仕事を進めていく人は、組織の中で、しばしば、このように孤立してしまうことがあるようです。

ドイツの哲学者であるショーペンハウアー（18～19世紀）は、「孤独は、すぐれた精神の持ち主の運命である」と述べました。

すぐれた精神の持ち主、すぐれた能力の持ち主、すぐれた才能の持ち主は、言い換えれば、「飛び抜けた人」だと言えます。

つまり、平均的な人間ではないのです。

普通の人間とは違ったものを持っているのです。

しかし、そのために、時に、周りの人たちから理解を得られず、誤解されてしまって、孤立してしまうこともあるのです。

しかし、そこで、自信を失ってしまってはいけないと思います。

そこで自分を失ってしまったら、せっかくの「すぐれた精神」「すぐれた能力」「すぐれた才能」を失ってしまうことになるからです。

才能のある人はあくまでも自信を失うことなく、自分の信じる道を突き進んでいくことがいいのではないでしょうか。そうすれば、きっと、いずれ周りの人たちから賛同してもらう時がやって来ると思います。

2 孤立しても、「自分の個性」を貫き通す

芸術家の岡本太郎（20世紀）は、「友だちに好かれようなどと思わず、友だちから孤立してもいいと腹をきめて、自分を貫《つらぬ》いていけば、本当の意味でみんなに喜ばれる人間になれる」と述べました。

この言葉の中では「友だち」と言われていますが、これは「会社の同僚」や「周りの人たち」といった言葉にも言い換えられると思います。

人は、時に、孤立してしまう時があります。

特に「個性的な人」ほど、その傾向が強いようです。

岡本太郎も、やはり、そんな「個性的な人間」の一人でした。

個性的な才能を持ち、個性的な絵を描き、また個性的な彫刻を作り上げてきました。

しかし、その強烈な個性のために、時に、周りの友だちや、仕事仲間や、世間から誤解

されることもあったのです。

その結果、時に孤立してしまうこともありました。

しかし、それでも岡本太郎は、その孤独感に負けることなく、自分の信じるところを貫いていったのです。

やがて、岡本太郎は、多くの人たちから称賛される、現代芸術の代表者の一人になったのです。

一般の会社などでも、その「個性的な才能」ゆえに、社内で孤立してしまっている人もいるかもしれません。

しかし、孤立したからといって、そこで自信を失ったり、自分の願望を諦めてしまうことはないのです。

そうすると、自分のすばらしい個性を捨て去ってしまうことになるのです。

従って、あくまでも「腹を決めて、自分を貫く」方がいいと思います。

そうすれば、必ず、賛同者が増えていきます。自分の才能を理解してくれる人が増えていきます。そして、「みんなに喜ばれる人間になれる」のです。

3 信念を貫いていけば、「真実」になる時が来る

16〜17世紀にかけて活躍したイタリアの天文学者、物理学者にガリレオ・ガリレイがいます。

彼は、「地動説」を唱《とな》えました。

「地動説」とは、「宇宙の中心は太陽である、地球はその太陽の周りを回っている」という考え方です。

この地動説を唱えた科学者は、ガリレオ以前にもいましたが、当時はまだ一般的な考え方ではありませんでした。

当時、多くの民衆は、「地球が宇宙の中心にあり、太陽は地球の周りを回っている」という「天動説」を信じていたのです。

しかし、ガリレオは、それは間違いであり、科学的な観察に従えば、地動説のほうが正

しいということを見抜いていました。

また、書物の中で、地動説のほうが正しいということを主張しました。

しかし、それが世間の反感を買ってしまったのです。

「ガリレオは、ウソを言いふらして、世間の人たちをだまそうとしている」といった噂が広がり、ガリレオは裁判にかけられることになってしまいました。

その裁判において、ガリレオが、「それでも地球は回っている」と述べたというエピソードは有名です。

つまり、ガリレオは、世間の人たちから孤立してしまっても、自分の信念を曲げることはしなかったのです。

そして、結局は、時代をへて、ガリレオなどが主張した地動説のほうが正しいことが証明されました。

世間の人たちから孤立することがあっても、そこで自分の信念を曲げてしまうことはないのです。正しいと思い、信念を貫き通していけば、やがて、その信念が正しかったことが証明される日が来るのです。

4 周りに良い人がいない時は、ひとりで生きていくほうがいい

仏教の創始者であるブッダ（紀元前5～4世紀）は、次のように言いました。

「知識が豊かで、正しいことは何かを良く知る、良い人とつき合っていくことが大切です。

自分を高めてくれるような人、するどい知性を持った人とつき合っていくことが大切です。

もし、周りに、そのような良い人がいないのであれば、犀《さい》の角《つの》のようにただ一人で歩んでいくのがいいでしょう（意訳）」

良き理解者、良き協力者に囲まれながら仕事をしていければ、それに越したことはないでしょう。

しかし、残念なことに、そうではない場合もあります。

たとえば、出世競争の中で、周りの人たちは、みな、「隙《すき》があれば、足を引っ張ってや

ろう」と狙っている人ばかり、という場合もあります。

周りの人たちは、みな利己的で、自分の利益のことしか考えていない、ということもあるでしょう。

そのような場合には、ブッダは、「犀の角のようにただ一人で歩んでいくのがいい」と述べているのです。

この言葉にある「犀《さい》」とは、動物の「サイ」のことです。

サイには、頭に一本の角があります。

当時インドでは、このサイの一本の角は、「一人でいること」、つまり「孤独」を象徴していました。

つまり、ブッダは、この言葉で、「周りに、人間性が良い人がいない時には、孤独になることを覚悟して、自分一人で、自分が信じる道を歩いていくのがいい」と言っているのです。

そういう「孤独への覚悟」がある人が、大きなことを成し遂げることができるのです。

5 周りを気にせず、牛のように図々しく生きる

会社のような、人が大勢集まる組織の中にいると、「私は、周りの人たちから、どう評価されているのだろう」ということが気になるものです。

そして、自分を悪く評価している人がいるとわかると、そのことで落ち込んだり悩んだりします。

また、周りの人たちに良く思われたいという気持ちから、周りの人たちにゴマをすったり、自分の考えを曲げてまで周りの人たちに合わせようとします。

しかし、そのようなことをしていたら、「自分らしい生き方」を失って、ますます気持ちが落ち込んでいくばかりなのです。

そうなれば、そのうちに、働く意欲や、前向きに生きていく意欲まで失っていくことになるでしょう。

そうならないためには、「たとえ孤独になることがあっても、それを怖れず、しっかり自分の生き方を守っていく」という意識を持つことが大切です。

夏目漱石は、「焦《あせ》ってはいけない。ただ、牛のように、図々しく進んでいくことが大事だ（意訳）」と述べました。

この言葉にある「焦ってはいけない」とは、つまり、「『周りの人たちから気に入られたい。高い評価を得たい』と、焦ってはいけない」という意味です。

焦れば焦るほど、「自分らしい生き方」を見失ってしまうからです。

また、「牛」には、周りのことなどあまり気にしない、という性質があります。

「図々しく」とは、「悠々と」と言い換えてもいいでしょう。

従って、漱石は、そのような「牛」のように、「周りの人たちの評価など気にせず、悠々と、たんたんと物事を進めていくことが大切」と言っているのです。

そして、「周りを気にしない」とは、言い換えれば、「孤独になっても、しっかりと自分の生き方を守っていく」ということなのです。

6 孤立ではなく「孤高」と考える

１９７０年代のアメリカで出版され大ヒット作品になった小説に、『カモメのジョナサン』があります。

日本でも翻訳されてベストセラーになりました。

この小説の主人公は、ジョナサンという一羽のカモメです。

ジョナサンは、仲間のカモメたちの間では、いわば「浮いた存在」でした。

仲間のカモメたちは、餌を取ることに夢中でしたが、ジョナサンだけは、餌を取ることよりも「美しく空を飛ぶこと」に熱心でした。

そんなジョナサンは、仲間のカモメたちから「変わっている」「変なヤツだ」と思われて、仲間外れにされてしまいます。

つまり、孤立してしまったのです。

しかし、ジョナサンは、「自分は高尚な目的を目指してがんばっている、孤高な存在なんだ」という自尊心を胸に秘めて生きていくのです。

「孤高」とは、「高い志を持っている」ということを意味する言葉です。

大まかに言えば、そんなストーリーの小説でした。

人間の社会でも、「高尚な目的」のためにがんばっている人が、周りの人たちから誤解され、相手にされなくなり、孤立してしまう、ということがよくあります。

たとえば、会社で、「世の中のために役立つ仕事をしたい」という高尚な目的のためにがんばっている人が、「世の中のことより、会社の利益が優先だ」という周りの人たちからジャマ者扱いされて孤立する、ということがあります。

そのような経験をすれば、もちろん本人とすれば辛い思いをすることになるでしょう。

しかし、そんな時は、「私は孤高な人間なのだ」という誇りを持ち、その誇りを支えにしていくしかないと思います。

その誇りを持って生きていけば、必ずどこかで、報われる時がやって来ると思います。

7 誇りを支えにして、孤独に耐え抜く

世界的に有名な古典文学に『ドン・キホーテ』があります。

これは、16～17世紀のスペインの作家であるセルバンテスが書きました。

ストーリーは、次のようなものです。

小説の主人公であるドン・キホーテは、田舎の有力者なのですが、世の中の不正を暴《あば》き、さっそうと世直しをしていく、正義感の強い騎士に憧れて、「私も騎士になりたい。ヒーローになりたい」という夢を持つようになります。

そして、夢を叶えるために、騎士の姿となって旅に出るのですが、旅先で出会う人たちからは「変人扱い」されて、やはり孤立してしまうのです。

しかし、ドン・キホーテ自身は、「私には大きな夢がある」という誇りを支えにして、逞《たくま》しく生きていくのです。

この『ドン・キホーテ』の話を、現代の社会にたとえることができます。

ある人が「小説家になって成功したい」という夢を抱きました。

しかし、周りの人たちからは「無理に決まっている」「あなたには才能がない」「バカげたことを考える人だ」などと、からかわれて孤立してしまうことになりました。

しかし、もし本気で「小説家になりたい」と思うのであれば、周りの人からどんなことを言われようと、「私には大きな夢がある」ということを誇りにして、がんばっていくことができます。

そうすれば、その孤独の中で、自分という人間が強くなっていきます。

また、大きく成長していきます。

そして、本当に、その夢を実現する時がやってくるのではないでしょうか。

周りから否定的なことを言われても、自分に自信があれば、あまり気にする必要はないのです。

8 「高尚な思想」には、多くの仲間や同志が集まってくる

古代中国の思想家である孔子（紀元前6～5世紀）は、「徳は孤《こ》ならず、必らず隣《りん》あり」と述べました。

この言葉にある「孤」とは、「孤立」ということです。「隣」には、「仲間。同志」といった意味があります。

つまり、孔子は、「高尚な考えを持つ徳ある人間は、孤立することはない。必ず仲間や同志が集まってくる」と述べたのです。

とはいっても、最初は「孤立することもある」のです。

実際に孔子自身が、そうでした。

孔子が生きた時代は、中国大陸の中に小さな国が乱立し、互いに相争っていた時代でした。

そのような時代状況の中で、孔子は、いわば「政治顧問《こもん》」(政治アドバイザー)として有力な国に雇ってもらうことを望んでいました。

しかし、ドロドロとした権力争いが繰り広げられる政権の中で、孔子のアドバイスは、その高尚な思想ゆえに受け入れてもらえないことも多かったのです。

孤立し、絶望した孔子は、やがて、国に雇ってもらうことをあきらめて、思想家、教育者として生きることを決心しました。

すると、孔子の思想に賛同する仲間や同志たちが大勢集まってきたのです。

孔子の弟子は、三千人以上いたとも伝えられています。

つまり、孔子は、この言葉で、「高尚な思想ゆえに孤立することがあっても、その孤独に耐え抜いてがんばっていけば、やがて多くの仲間や同志を得られる」ということを指摘しているのです。

孤立は、ある意味、一時的なものなのです。永遠に孤立し続けるということはありません。従って、その「高尚な考え」を捨てずにいることが大切です。そうすれば必ず、孤立から救われる時がやって来ます。

9 孤独が運命ならば、受け入れていく

鎌倉時代後期の僧侶である無住《むじゅう》（13～14世紀）は、「人間は一人で生まれてくる。死ぬ時も、一人で死んでいく。どうして生きている間だけ同伴者を得られると考えられるだろうか。生きている間も『一人』である（意訳）」と指摘しました。

この言葉で、無住は、「人間は結局、一生、孤独な存在だ」ということを述べています。

つまり、「孤独は、人間の運命のようなものだ」ということです。

確かに、人は、たくさんの人に囲まれながら生きています。

会社には、同僚たちがいます。上司もいます。

会社を離れても、友人たちがいます。

家には、家族がいます。

しかしながら、そんなふうに大勢の人たちに囲まれながらも、その中で「孤独」を感じ

てしまうことも多いのです。

たとえば会社では、同僚たちと意見が合わずに、孤独を感じます。

社内で陰口を言われたり、悪い噂を流されて、孤独感に苦しめられることもあるかもしれません。

友人たちとのつき合いでも、ちょっとしたことでケンカをして、孤独感を感じることもあるでしょう。

友人たちから誤解され、孤独感を深めてしまうこともあると思います。

そして、家庭でも、夫婦関係が悪化したり、子供たちから嫌われて、孤独を感じるということもあるのではないでしょうか。

結局、人間は、生きている限りは「孤独」から逃れることはできないのです。

そうならば、その孤独というものを受け入れて、その孤独の中で、自分を鍛《きた》えたり、自分の人間性を強くしたり、自分を成長させていくことを考えるほうが賢明です。

おわりに

人は、多くの人たちに支えられながら生きています。

それは、仕事の関係者であり、家族であり、また友人です。そういう人との関係は、もちろん大切にして、なごやかにつき合っていくことが大切です。

ただし、もう一方で、そのような人たちから離れて「ひとりの時間」「孤独な時間」を持つのも大切なのです。

つまり、「人と仲良くつき合っていくことを楽しむ」ということと、「ひとりの時間を持って、自分ならではのことを楽しむ」ということの、上手なバランスを持っておくことが重要なのです。

人づき合いばかりに追われて、ひとりの時間がなくなってしまうと、精神的にだんだんストレスをためていくことになります。

それと同様に、自分の世界に閉じこもってしまって、人とのつき合いをなくしてしまうと、それはそれで精神的につらい状況に追い込まれていきます。

したがって、「みんなといる時間」と「ひとりでいる時間」を、バランスよく生活の中に取り入れていくのです。

そうすれば、精神的に健康でいることができます。自分をしっかりと保って、元気に暮らしていけます。

最近は、とても極端な人が増えているように思えます。

「ひとりになる」ということを嫌がって、「いつも誰かと一緒にいたい」というタイプの人がいます。一方で、人とつき合うのを避けて、「私はひとりでいたい」と引きこもってしまうタイプの人もいます。

しかし、このような極端な人たちは、どこかで精神的に追い込まれてしまうことが多いようです。

自分にとって「みんなといる時間」と「ひとりでいる時間」の、上手なバランスの取り方はどのようなものかを、見つめ直してもいいのではないでしょうか。

植西聰

本書は書き下ろしです

青春新書 PLAYBOOKS
人生を自由自在に活動《プレイ》する

人生の活動源として

いま要求される新しい気運は、最も現実的な生々しい時代に吐息する大衆の活力と活動源である。

文明はすべてを合理化し、自主的精神はますます衰退に瀕し、自由は奪われようとしている今日、プレイブックスに課せられた役割と必要は広く新鮮な願いとなろう。

いわゆる知識人にもとめる書物は数多く窺うまでもない。

本刊行は、在来の観念類型を打破し、謂わば現代生活の機能に即する潤滑油として、逞しい生命を吹込もうとするものである。

われわれの現状は、埃りと騒音に紛れ、雑踏に苛まれ、あくせく追われる仕事に、日々の不安は健全な精神生活を妨げる圧迫感となり、まさに現実はストレス症状を呈している。

プレイブックスは、それらすべてのうっ積を吹きとばし、自由闊達な活動力を培養し、勇気と自信を生みだす最も楽しいシリーズたらんことを、われわれは鋭意貫かんとするものである。

—創始者のことば— 小澤和一

著者紹介

植西 聰 〈うえにし あきら〉

東京都出身。学習院大学卒業後、資生堂に勤務。独立後、人生論の研究に従事。独自の『成心学』理論を確立し、人々を明るく元気づける著述を開始。1995年、「産業カウンセラー」(労働大臣認定)を取得。
著書に『「折れない心」をつくる たった1つの習慣』(青春新書プレイブックス)、『平常心のコツ』(自由国民社)、『運命の人とつながる方法』(文響社)などがある。

“ひとりの時間《じかん》”が心《こころ》を強《つよ》くする　青春新書 PLAYBOOKS

2017年10月20日　第1刷

著　者　植《うえ》西《にし》　聰《あきら》

発行者　小澤源太郎

責任編集　株式会社プライム涌光

電話　編集部　03(3203)2850

発行所　東京都新宿区若松町12番1号 〒162-0056　株式会社青春出版社

電話　営業部　03(3207)1916　振替番号　00190-7-98602

印刷・図書印刷　製本・フォーネット社

ISBN978-4-413-21098-0